TE
TENDRE
EN EL
CIELO

SANIDAD Y ESPERANZA PARA LOS
PADRES QUE HAN PERDIDO UN HIJO

*debido a aborto involuntario, nacimiento de un
niño muerto o muerte en la temprana infancia*

Jack Hayford

EDITORIAL
UNILIT

Publicado por Editorial **Unilit**
Miami, Fl. 33172 U. S. A.
Derechos reservados

Primera edición 1995

© 1986, 1990 por Jack Hayford
Publicado en inglés con el título de:
I'll Hold You in Heaven por Regal Books
División de GL Publications (GLINT)
Ventura, California.

Traducción: Susana Roberts de Arvizu
Cubierta:

Producto 498400
ISBN 1-56063-744-7
Impreso en Colombia
Printed in Colombia

Contenido

Introducción

El Espíritu del Señor está sobre mí ... me ha enviado a sanar a los quebrantados de corazón.

Lucas 4:18

COMO PASTOR, un pastor de almas, me encuentro vez tras vez a personas que han sufrido la muerte de un bebé, ya sea antes del nacimiento o poco después del mismo. Si usted ha experimentado la gran crisis a la que me refiero es muy posible que esté buscando algo, cualquier cosa, que tenga el suficiente poder como para calmar las preguntas que atribulan su corazón.

Quizás se halle entre ese gran número de mujeres y hombres que planearon, se prepararon y oraron por un hijo, pero el bebé nació muerto. Tal vez sea uno de los miles de padres cuyos recién nacidos vivieron una vida tan corta como para decir que casi no llegaron; bebés que murieron a pocas horas, días o semanas después del parto. Junto con los padres de niños que se malograron, los padres de recién nacidos que murieron forman un grupo de gente particular cuyos bebés desaparecieron de sus vidas.

O, quizás, sea la madre o el padre de un niño perdido por aborto provocado. De ser así, posiblemente se sienta como muchos otros, que me encuentro con frecuencia, sufriendo muchísimo por los efectos del procedimiento que sus defensores se jactan de ser tan "rápido" y "sin dolor". Innumerables mujeres y hombres están dando traspiés en medio del desajuste emocional que sigue a un aborto, unos creyendo que se equivocaron, otros agobiados por la incertidumbre. Ese dolor cala muy hondo.

Por último, quizás pertenezca a un tercer grupo de decepcionados: las huestes de padres que deseaban un hijo, pero que a los dos o tres, o quizás cuatro o cinco meses de embarazo algo sucedió y lo perdieron.

Si ha experimentado el dolor desgarrador de perder un hijo que ya estaba en el vientre, o durante las semanas y meses después del parto, no es la única víctima. Los padres del niño que nace muerto, o del recién nacido que muere; la madre que malogra o aborta a su criatura, todas las víctimas de esas muertes prematuras, son padres de niños que tenían una vida plena de significado; niños cuyas vidas fueron truncadas.

En el plan por excelencia del Creador, estos niños no estaban destinados para la enfermedad, la muerte o la destrucción que arrebató sus vidas. Sin embargo, murieron. Como un avión que cambia de horario y se adelanta a despegar repentinamente, estos niños efectuaron un "vuelo adelantado". Partieron antes que pudiéramos conocer cómo eran ellos, qué potencial tenían y cuáles eran sus fines. Ya sea porque su inesperada despedida fue provocada por accidente, negligencia o sufrimiento fetal; o si murieron por enfermedad, deformidad o simplemente por el mal funcionamiento de sus órganos vitales ... de repente se fueron.

Para los que quedan en el aeropuerto del presente, pueden haber lágrimas, dolor, amargura y preguntas, pero le aseguro que también hay esperanza.

En estos últimos años, conforme iba conociendo números cada vez mayores de personas adoloridas por una maternidad o paternidad truncada, comencé a buscar en la Palabra de Dios con el fin de encontrar una razón para tener *esperanza*. Quería encontrar la verdad que podría sanar y dar consuelo, en medio del dolor que sigue a la amputación de una vida de su raíz vital.

De ahí, surgieron las páginas de este libro. En los siguientes capítulos encontrará las respuestas, fundamentadas en la Biblia, a muchas de las preguntas que se ha estado formulando a sí mismo: ¿Tenía alma su bebé en el momento de malograrlo o en el instante del aborto? ¿Y qué acerca del bebé que nació muerto, o del que se murió a pocas horas del parto? ¿Estará en el cielo? Si es así: ¿Cómo será este niño o niña que nunca desarrolló un carácter ni personalidad más allá del vientre de su madre? ¿Volverá a ver a su bebé? ¿Cómo reconocerá a su criatura cuando finalmente se encuentren en el cielo?

El objetivo de este libro es ofrecer una vía hacia la esperanza y la sanidad, no con "palabras manidas" o lugares comunes, sino por medio de una fundamentación sólida en la santa verdad de la Palabra de Dios. La base bíblica para la esperanza y el consuelo es fuerte; las Escrituras realmente ofrecen una salida de las profundidades del sufrimiento.

Si ha experimentado la pérdida de un hijo debido a la tragedia del aborto, la Palabra de Dios le ofrece algo más que el mejor de los antídotos; le ofrece el perdón y la sanidad por la serie de decisiones que le condujeron a la consulta del que se dedica a hacer abortos. El aborto no sólo es un tema difícil, sino también delicado. Y, además, es una tragedia. Pero mi objetivo en estas páginas no es desarrollar una tesis acerca de esa tragedia ni destacar los errores de la naturaleza humana, sino, más bien, ofrecer consuelo a los padres y dirección para el futuro.

Hubo una época en que yo no me diferenciaba de otros muchos cristianos que luchaban contra la amargura, la autocompasión e incluso condenaban a los padres de niños abortados. No sólo me enojaba por las vidas que se perdían, sino que me sentía superior a esas personas. Y esa era la odiosa ceguera con la que tenía que lidiar: la soberbia de mi santurrona opinión.

En ese estado, no podía ni siquiera comenzar a acercarme a una perspectiva equilibrada respecto al temor, el dolor, la agonía y la pena que padecían tantos seres que necesitaban otra actitud de mi parte. La sociedad ha liberalizado el aborto a tal punto que los desinformados y los desorientados fácilmente acceden a valerse de él, hasta que, como resultado de la experiencia, estas víctimas, estos sobrevivientes se doblegan ante otra carga, el peso de preguntas tales como: "¿Qué he hecho?" "¿Quién hubiera llegado a ser este niño?" "¿Está bien lo que hice?" "¿Me habré equivocado?"

"¿Podré olvidarme algún día de lo que hice?"
"¿Qué habría sucedido si no hubiera...?"

Es indudable, el aumento creciente de hombres y mujeres que cada día agonizan por sus incertidumbres acerca del "derecho a escoger" el aborto, reafirman mi convicción de que éste es un error que ocasiona mucho dolor, pero la opinión tan superficial que tenía acerca de esos padres ha cambiado por completo. Ahora veo que hay lugar para ofrecer la vida, la luz y el amor que tan desesperadamente necesita esta gente: un espacio en nuestro mundo en donde no sólo podrá brillar la verdad como un faro para discernir el bien y el mal, sino también, con igual importancia, como una luz para dar sanidad, calor y esperanza. Si usted es una de las miles de víctimas adultas del aborto, siga leyendo. Está al borde de descubrir el perdón, la sanidad y la esperanza.

Dedico este estudio fundamentado en la Palabra de Dios a cualquier padre o madre que recuerda con lágrimas, dolor, amargura o preguntas, a su niño que nació muerto, malogró o abortó, o que murió después del parto. Y para aquellos que nunca hemos experimentado tal dolor, fracaso o pena, mi esperanza es que haya un ensanchamiento del corazón. Que el Espíritu de Dios, al dar su Palabra, crea un nuevo espacio dentro de *todos* nosotros, donde haya lugar para recibir con comprensión y compasión a los que conocemos, o a los que nos encontraremos, que hayan quedado con el corazón dolorido y los brazos vacíos después de la partida inesperada de su criatura de esta vida.

Así, pues, acompáñeme a la fuente de la verdad: la Palabra de Dios, en donde abunda la sabiduría eterna, la justicia reconciliadora y la esperanza sanadora. Averigüemos lo que podamos acerca de las respuestas de Dios para uno de los traumas más desgarradores de nuestra sociedad actual: el dolor que sigue a la muerte prematura de un infante.

1

El don de vidas

Entonces el Señor Dios formó al hombre del polvo de la tierra y sopló en su nariz el aliento de vida, y fue el hombre un ser viviente.

Génesis 2:7

LAS BASES DE LA ESPERANZA EN MEDIO DE CUALQUIER DILEMA humano o, en efecto, de cualquier desobediencia humana, siempre se podrá tomar de la Palabra de Dios, y no del razonamiento humano ni de la filosofía "de la calle". La respuesta a su dolor más profundo o al clamor más afligido de su corazón, reside en las Escrituras. ¿Cuál debía ser entonces su primera pregunta?

Quizás el mejor lugar para empezar sea la simple pregunta: ¿Este niño mío que no nació fue realmente un ser humano, en el sentido más pleno de la palabra? Hay que resolver esta pregunta con confianza y seguridad personal. La respuesta de Dios abre la puerta a un asombroso fundamento para la esperanza, a una expectativa que nunca antes se hubiera creído posible. Así que, descubramos lo que el mismo Creador dice acerca del tema.

Nuestro primer objetivo es establecer una base bíblica para la existencia prenatal del alma humana. ¿Una criatura antes de nacer ya es una persona?

He aquí la clave del asunto. Si solamente hablamos de la química o del tejido humano al examinar la naturaleza del feto o de la criatura que nace muerta, hay poco que decir. Pero en el fuero interno de la mayoría de nosotros existe un monitor que nos lanza señales indicándonos que el asunto va más allá de la mera combinación de sustancias químicas o de estructuras complejas de tejidos.

¿Será que Dios ha dado testimonio concluyente y confirmador en su Palabra para acompañar aquel sentimiento interior que casi todos compartimos: que la vida de un embrión es eterna?

Sin entregarnos al misterio ni a la superstición, podemos afirmar ¡que sí! La vida del niño que está en el vientre es eterna. Pero téngalo muy claro: esta es una declaración que nace de algo mucho más profundo que la opinión religiosa, el dogma ocultista, o la imaginación humana.

El devoto fanático podrá proclamar la *realidad* y, por tanto, la santidad de la vida en el vientre. Pero, estas aseveraciones conducen con frecuencia a las acusaciones. Es demasiado fácil centrar la atención en el pecado de violar la santidad de la vida, y que el oyente se rebele. Si bien el llamado para proteger la vida es algo digno, también es una victoria falsa suponer que sea más importante esta proclamación que las buenas nuevas de la gracia, del amor y del perdón sanador de Dios. Efectivamente, la vida es sagrada. Pero muchos necesitan ver que esta verdad sagrada trasciende la realidad, que ofrece otros datos, más allá de la ignorancia humana, que puede haber pasado por alto el principio de la inviolabilidad de la vida.

Por otro lado, el proponente de la reencarnación sugiere que toda vida humana es meramente la transmigración de las almas en cuerpos nuevos, con la esperanza de mejorar constantemente el destino individual en cada nueva experiencia de vida. Pero sea cual sea el deseo, la esperanza o la lógica que se pretenda de esta propuesta, la honestidad exige eliminar inmediatamente estas nociones.

La Palabra de Dios anula las filosofías fantasmagóricas de la reencarnación. Según la última revelación de la Biblia, la vida es una realidad irreversible para cada uno de nosotros, en lo que al mundo concierne. Es una designación que (1) conlleva un propósito divino, y (2) exige nuestra responsabilidad:

"Se le ha dado al hombre vivir y morir una sola vez, y luego viene su evaluación delante de Dios".[1] Al contrario de las ideas confusas de unas cuantas almas sinceras, las palabras de Jesús: "Debes nacer de nuevo", no tienen nada que ver, en absoluto, con otro nacimiento más allá de esta vida. El mismo Jesús explicó claramente lo que es "nacer de nuevo". Ilustró el nuevo nacimiento como una renovación interior y especificó nuestra necesidad de experimentarlo en esta vida, recibiéndolo a El dentro de nuestro ser, como Salvador y Señor.[2]

Otra esfera de error se deriva de la noción poética que, si bien no se trataba de la transmigración de un alma de una vida anterior a un nuevo cuerpo, cada bebé tenía una existencia anterior a su permanencia en el vientre. En este escenario se veía a Dios como el Padre celestial repartiendo espíritus angelicales por toda la tierra: instalándolos en los cuerpos de los bebés, ya sea antes del parto, o en ese mismo momento. Esta idea, no bíblica e insensible, se percibe en una afirmación muy repetida y muy sincera que suele usarse en los funerales de niños pequeños: Que Dios de algún modo tenía "algo mejor" para el niño y que El "recibió a su regreso" esta pequeña vida que anteriormente había dado desde el cielo.

A pesar de ser un concepto bien intencionado, Dios jamás "toma para sí los bebés porque los necesite en el cielo". El dolor y el problema de la muerte existen en este planeta porque la humanidad ha roto su compromiso de guardar el tesoro de la vida. Y la Biblia no dice del todo nada respecto a que Dios tomara decisiones autónomas acerca de la colocación de cada vida dentro de cada cuerpo. Veamos lo que sí dice.

Cuando Dios "sopla su aliento"

El capítulo dos de Génesis amplía acerca de lo que se introduce en el capítulo uno: que Dios, apenas creó al hombre, le dijo que fuera fructífero y se multiplicara. Ahora bien, la Palabra de Dios relata cómo fueron dadas al hombre las posibilidades y capacidades para que realizara este "multiplicación" ordenada por su Creador. Se resume en las siguientes palabras:

Entonces el Señor Dios formó al hombre del polvo de la tierra, y sopló en su nariz aliento de vida, y fue el hombre un ser viviente.[3]

El texto hebreo dice, literalmente, que Dios, al crear al padre y a la madre de la raza, colocó en ellos la capacidad para engendrar la vida: les "sopló", el aliento de *chayeem,* o sea, de *vidas.* Note muy bien el plural de la palabra para vida: Dios le dio a la humanidad el don de la vida. El concepto va más allá de lo obvio: desde el don de la vida dado por el Creador para que cada uno lo *experimente,* hasta el don de la capacidad interna de cada uno para *engendrar* la vida.

Esa frase única, que Dios con el soplo de su aliento infundió vidas en el hombre, revela claramente cómo Dios ha dotado a la humanidad tanto de (1) la *capacidad* para engendrar vida como de (2) la *responsabilidad* de hacerlo. Las ramificaciones de esta realidad son profundas.

En primer lugar, esta habilidad fue puesta a discreción del hombre. Cada vez que ocurre la concepción de un niño, Dios no tiene que realizar una acción independiente para infundir vida al óvulo fertilizado. La vida está presente de forma inherente, instantánea, espontánea, siempre vigente, porque Dios delegó en el hombre "vidas" para la propagación de la especie. La capacidad increíble de producir almas eternas, como también cuerpos físicos ha sido entregada a la humanidad.

En segundo lugar, hasta que ocurre esa unión del espermatozoide y el óvulo, nosotros como hombres y mujeres somos mayordomos de ese potencial para engendrar vidas. Dios no le envía a ninguno un determinado número de hijos. Ni jamás nos indica como un requisito la cantidad de hijos que debemos tener, lo único que Dios nos exige es la voluntad de decir: "Sí, tendremos hijos", en obediencia a su mandamiento: "Fructificad y multiplicaos".[4]

Al contrario de lo que cree alguna gente sincera, la Biblia *no* dice que es malo ejercer el control de la natalidad. Dios nos ha dado a cada uno —la humanidad—, la responsabilidad de gobernar la *multiplicación* de la vida. Mientras que *sí ha* mandado engendrar hijos, *no ha* ordenado que nos abandonemos indefinidamente a la suerte, ni nos otorga una cantidad determinada de hijos, ¡ni nos ha asignado tener una descendencia innumerable!

Sin embargo, lo que sí *dice* la Biblia es que los hijos son una bendición y se deben *buscar*:

> *He aquí, don del Señor son los hijos; y recompensa es el fruto del vientre.*[5]

La Palabra de Dios emplea una terminología bellísima al describir el gozo del parto, lo que significa tener hijos y la conveniencia de la familia. Pero, además, implica que si la vida empieza en el momento de la concepción, *no* es aceptable la extinción deliberada de ella como método de control de la natalidad. Según la Palabra de Dios, sí se *puede* controlar la frecuencia de la concepción, pero una vez concebida una vida, no se podrá extinguir por voluntad humana. Para resumir, (1) *el hombre no debe evitar* totalmente el engendrar hijos; (2) ni se deben abortar los que ya se han concebido.

De este modo, vemos desde el mismo momento en que se establece el orden creativo, que:

- Inmediatamente, Dios puso la vida dentro de la capacidad reproductora del hombre;
- Lo ha instado a ejercer esa capacidad de engendrar vida; y
- Espera, sin lugar a dudas, que una vez concebida la vida, se debe respetar su inestimable valor.

No nos hace falta ir hasta el laboratorio para ver si la vida empieza con la concepción, ni estamos a merced de emociones volubles acerca del tema. Sino más bien, las palabras precisas y tranquilas de la verdad eterna de Dios nos muestran un hombre creado, quien, desde sus principios, ha poseído la capacidad dada por Dios de procrear otro ser como él. Esta clase de vida se encuentra en los órganos reproductores del hombre y de la mujer cuando cada uno pone de su parte en el proceso de la procreación; y en el instante en que estas células se unen, comienza otra vida.

NOTAS
1. Hebreos 9:27 (paráfrasis del autor
2. Ver Juan 3:1-12
3. Génesis 2:7 (BLA)
4. Génesis 1:28
5. Salmo 127:3 (BLA)

2

¿Cuándo empieza el significado de la vida?

Obviamente, Dios sabía en la fundación del mundo lo que íbamos a preguntarle en el transcurso de la vida.

LA BIBLIA NO SOLO ESTABLECE LA REALIDAD de la existencia prenatal de su bebé como ser humano, sino que va más allá y enseña el valor, la importancia y la viabilidad espiritual de cada vida anterior al parto. David observó la verdad de esto en su alabanza a Dios por la forma en que El toma en cuenta y protege al feto.

> *Porque tú formaste mis entrañas; tú me hiciste en el vientre de mi madre.*[1]

Este texto se refiere directamente a lo más profundo de nuestro ser: las "entrañas". El término hebreo *kilyaw* era la expresión figurativa que se usaba en ese idioma para representar el "fundamento del ser". Así como nos referimos al corazón como asiento de nuestro ser o persona interior, la lengua hebrea se refería a los riñones (*kilyaw*) con ese mismo sentido. En las Escrituras el uso de esta expresión respecto al niño que se forma en el vientre de la madre establece, más allá de toda duda, el apoyo bíblico para la idea de que ciertamente existe un "ser" *espiritual*, no solamente físico, en las entrañas de la madre.

Además, note cómo se declara tan bellamente la atención personal de Dios para cada feto: "tú me hiciste" (en hebreo: "me cubriste"), anuncia David; o sea, "me protejiste". Un examen minucioso del verbo, escogido por los traductores judíos de este pasaje, revela que la declaración literal del texto es que Dios está junto al niño para *ayudarle* y para *guardarle* desde sus inicios.[2]

Uno pudiera preguntarse a qué se refería David. Cuando niño, ¿le habría contado su mamá historias acerca de la protección especial que ella había disfrutado durante su embarazo, mantenida por la gracia e intervención de Dios? ¿Podría estar diciendo David que su vida fue salvada por alguna providencia, o estará simplemente afirmando, en general, el cuidado de Dios por el niño que está en el vientre de su madre? En todo caso, la verdad ineludible es que se declara su atención personal al bebé. Jesús afirmó tajantemente el interés personal de Dios por cada individuo, destacando el cuidado genuino del Creador por un simple pajarito, y luego diciendo que el cuidado de Dios se multiplicaba muchas veces más para cada niño, cada persona, cada ser humano.[3] El Salmo 139 completo nos da una tremenda percepción de Dios, quien considera (1) real y eterna la vida dentro del vientre; y nos muestra (2) que ésta es deseable y vale la pena protegerla.

¿Cuándo empieza la validez de la vida dentro del vientre?

Esta pregunta ha captado el interés de filósofos y científicos en todos los siglos, conforme el hombre ha buscado definir exactamente cuándo se inicia la vida en un ser humano. Mas, recientemente, el debate se ha centrado en definir en cuál trimestre, o sea, en cuál segmento de tres meses entre los nueve meses del embarazo, se llega efectivamente a ser "humano".

Tal parece que Dios anticipó la respuesta a esta pregunta específica hace mucho tiempo, ya que en la Biblia tenemos un caso en que se da la evidencia más precisa, al mostrarnos que la vida *viable* y *significante* en la matriz existe durante los primeros tres meses; o sea, que *desde la concepción* está presente *la vida plenamente significativa.*

Por supuesto, el biólogo ha mostrado las evidencias fisiológicas más conmovedoras de la vida en los primeros tres meses: en la tercera semana se distinguen los lóbulos del cerebro; en la cuarta, se reconocen la cabeza y el rostro y comienza a latir el corazón; durante las semanas cinco y seis, se identifican los ojos y las piernas comienzan a mostrar carne y músculos; en la octava semana el embrión pasa a la etapa fetal y en las siguientes semanas se puede identificar el sexo; el bebé puede comenzar a volver su cabecita, bizquear, fruncir el ceño, apretar el puño y hasta tener hipo: ¡todo esto antes de finalizar los tres primeros meses en la matriz![4]

Pero, por más conmovedores que sean los signos biológicos de la humanidad durante la formación *física* del bebé en el vientre de su madre, veamos las pruebas, aún más claras, que nos da la Biblia de la viabilidad espiritual individual de ese niño. Aquí se nos presenta una declaración medular, esencialmente bíblica: una historia que nos revela, efectivamente, la existencia real, individual y plena de significado de un bebé, durante los primeros tres meses después de la concepción. Esta historia se encuentra entre las más conocidas de todo el mundo. Aunque en ella se nos relata el don que nos otorga nuestro Redentor, oculto dentro de esta historia hallamos un precioso dato relacionado con ese regalo fundamental que nos da el Creador, o sea, la vida misma.

María, la joven de Nazaret, ha recibido una visita angelical que le anuncia su papel como madre del Mesías. Comenzamos el relato en Lucas, capítulo 1:

> *En aquellos días, levantándose María, fue de prisa a la montaña, a una ciudad de Judá; y entró en casa de Zacarías, y saludó a Elisabet. Y aconteció que cuando oyó Elisabet la salutación de María, la criatura saltó en su vientre; y Elisabet fue llena del Espíritu Santo, y exclamó a gran voz, y dijo: Bendita tú entre las mujeres, y bendito el fruto de tu vientre. ¿Por qué se me concede esto a mí, que la madre de mi Señor venga a mí?[5]*

Las palabras de Elisabet, la prima hermana de María, están asombrosamente relacionadas con las interrogantes filosóficas de este siglo veinte. La precisión del texto parece creada por el Espíritu

Santo con veinte siglos de antelación. En unos treinta versículos en el Evangelio de San Lucas (1:26-56), se nos dice muy claramente:

- Que un niño había sido concebido en el vientre de María;
- Se refieren a él como un ser presente, vivo y como "el Señor" en ese momento —o sea, que no era menos persona por ser feto; y
- Se da una cronología exacta del evento.

En el versículo 36, el ángel le dice a María en el mismo momento de la concepción, que Elisabet está en su sexto mes de embarazo. El versículo 56 nos dice que María se quedó con ella hasta el nacimiento del bebé de Elisabet: *Y se quedó María con ella unos tres meses.* En otras palabras, cuando al llegar su prima María, Elisabet fue llena del Espíritu Santo y profetizó: "El niño en tu vientre es el Señor", María tenía apenas pocos días de embarazo.

¡Es asombroso!

Es una declaración profética que se saca de la madeja de la experiencia humana de hace dos siglos, y que se desenrolla hoy día delante de la humanidad. ¿Estará diciendo la Biblia que la vida, en su esencia real y verdadera, existe desde la concepción?

¡Absolutamente!

¿Responde específicamente a las preguntas acerca de los tres primeros meses de embarazo?

¡Un sí rotundo!

Y la revelación más profunda para el lector e investigador cuidadoso no debiera ser el hecho de que se contestara la pregunta, sino la realidad naturalmente manifestada de que Dios se adelantó a nuestra pregunta por dos siglos. Los detalles del acontecimiento, redactados sin distorsionar el flujo natural del relato, calla las dudas de cualquiera que acepta la autoridad de la sagrada Palabra de Dios: Que la vida, o sea, la vida individual plena de significado, la vida humana en el sentido más profundo, más duradero de la palabra, existe en el vientre desde la concepción. No sólo nos muestra evidencias de un cuerpo real en formación durante el primer trimestre, sino que a la vez se nos da una declaración concluyente respecto a que está presente, desde la concepción, un ser real, *humano*, un alma perdurable y eterna.

El punto clave es la permanencia

¿Y cuál es el objetivo de este ejercicio en exégesis bíblico?

Simplemente lo siguiente: Establecer una base para la existencia *permanente* del niño que usted perdió: por causa de muerte en el vientre, por pérdida de la criatura, por aborto provocado o por muerte en su infancia.

¡Su hijo *todavía* existe! No sólo fue una persona real, válida, y significativa, desde el instante mismo de su concepción, sino que continúa siendo un ser real, perdurable, eterno desde el momento de su muerte física.

- El niño perdido no desapareció como criatura simplemente porque cierta cantidad de tejido se desprendió de su sujeción dentro de la matriz.
- El bebé abortado no dejó su existencia más amplia simplemente porque un instrumento quirúrgico o una aspiradora raspó o aspiró su existencia física hacia el olvido.
- Y a los padres del bebé que nació muerto, o a aquellos que han sostenido en sus brazos a un bebé que murió apenas nacido —como si se hubiera elevado en un vuelo prematuro, y no tuvieron la oportunidad de conocerlo—, puedo asegurarles que el alma de su criatura (así como la del niño malogrado y la del abortado) fue arrebatada a la presencia de Dios como un ser eterno, de la misma manera que lo sería el alma de un hombre o de una mujer de noventa años que en su vejez volvieran a su Creador.

La Palabra de Dios, el "manual de conducta del Creador para la humanidad", nos da una luz en este punto inicial del estudio: ¿Qué acerca de la realidad de la vida de la blástula, del embrión, del feto, del niño que nació muerto? Su respuesta: *Sí, es real.* Y en eso encontramos que existe un punto bíblico sobre el cual podemos afianzar la esperanza, ya que esto significa que el hijo o la hija que perdió está en la presencia de Dios y que algún día lo conocerá o la conocerá.

Para algunos, un dilema

Pero, casi que puedo oír a alguno preguntar: "¿Qué pasa si el niño que encontraré algún día en el cielo es el que yo escogí abortar? ¿Me acusará de no dejarlo vivir como me dejaron a mí?"

¡Qué pregunta más conmovedora!

Qué espectro en potencia tan obsesionante: llegar al otro mundo, estar en la presencia de Dios y ser acusado, no sólo por el mismo Dios Todopoderoso, sino también por un ser nunca antes conocido, que en ese momento es totalmente reconocible. No es fácil imaginar que esa persona se levante, le señale y diga: "Esa es la que me llevó en el vientre ... y la que me negó la vida en la tierra". ¡Qué escena más cruda, severa y desgarradora, emocionalmente! ¿Podría ser así tal momento?

La respuesta, fundamentada en la Palabra de Dios, es ¡JAMAS! ¡JAMAS!

Cualquier juicio ante el trono de Dios será emitido únicamente por El. No reunirá testigos en contra nuestra, pues es solamente ante Dios que debemos rendir cuentas y El es el testigo fiel de todas nuestras vidas.[6]

Además, el temor de la recriminación por CUALQUIER pecado o falla, JAMAS debe nublar su alma, porque el hecho mayor en el universo es la realidad de que Dios nos ha provisto *totalmente* de perdón:

> *Porque de tal manera amó Dios al mundo, que ha dado a su Hijo unigénito, para que todo aquel que en él cree, no se pierda, mas tenga vida eterna.*[7]

Y nuestra condición relativamente inmerecedera de tan gran perdón y amor misericordioso no es un obstáculo:

> *Mas Dios muestra su amor para con nosotros, en que siendo aún pecadores, Cristo murió por nosotros.*[8]

La consecuencia feliz y santa de la muerte de Cristo por nuestros pecados es que se ha realizado el pago completo por ellos, y hoy día usted y yo tenemos el perdón absoluto, plenamente a nuestro alcance.

Corro un verdadero riesgo al examinar de esta manera el dolor del aborto y el camino a la sanidad. Es totalmente posible que alguien juzgue mal mi deseo de consolar, llegando a la conclusión de que lo que realmente se necesita es la corrección.

Pero mi esfuerzo no viene a raíz de una actitud, tomada a la ligera, hacia el hecho de que se están matando a los fetos. Más bien, me veo impulsado por la comprensión de que la mayoría de las madres que escogen hacerse un aborto no son indiferentes al niño que está en sus entrañas. Si en su pasado se oculta el recuerdo de un aborto, éste fue promovido y estimulado por una sociedad temporalmente insensibilizada hacia los valores más puros de la vida humana. Y si bien esta influencia de la sociedad no disminuye la magnitud de su decisión personal, déjeme preguntarle lo siguiente: ¿Cuál de nosotros está libre de las consecuencias de nuestras propias decisiones pecaminosas y del dolor infringido por ellas? La esperanza que brilla para cada uno, y para todos, es que Jesucristo mismo nos alcanza con su ternura, en medio de las repercusiones de nuestras decisiones dañinas; que Jesús mismo trae buenas nuevas a aquellos de espíritu quebrantado.

Permítame preguntarle algo, una pregunta que no es meramente si ha sentido la pena, la culpa o las manchas de su participación en la tristeza de un aborto. Es más, aunque el aborto no fuera una de las fallas de su pasado, todos hemos pecado. La honestidad total ante Dios trae consigo un sentimiento de condenación por lo que hemos elegido en nuestro pasado, así como también por los factores que todavía forman parte del presente. ¿Son éstos sus sentimientos? ¿Habrá algo en su pasado o en su presente que clama por salir a la luz, para ser aceptado y abandonado, confesado, lavado y perdonado?

Escuche. Hoy le tengo buenas nuevas.

Lo que Dios proveyó para nuestro pasado no sólo basta, ¡sino que su promesa para nuestro futuro es increíblemente resplandeciente! El rostro de Jesús resplandece, no sólo para extinguir la oscuridad de las sombras del pecado que buscan envolver el alma, sino también para irradiar luz hacia el futuro.

Abrale su corazón a El, a su amor, su esperanza y su consuelo: *Mas a todos los que le recibieron ... les dio potestad de ser hechos hijos de Dios.*[9] Si en el pasado nunca ha pedido perdón por su pecado, sea cual sea; o si jamás ha invitado a nuestro Salvador Jesucristo a entrar en su vida con amor sanador y poder salvador, hágalo ahora mismo.

Inclínese en oración y exprésele a El, el clamor de su corazón.

Y habiendo hecho esto, en el espíritu de paz que le puede traer Su verdad y amor sanadores, las preguntas respecto a esos pequeños seres que se han elevado en un vuelo prematuro, serán respondidas con un nuevo grado de esperanza. Una esperanza que surge del hecho de que a su alma se le ha suplido su mayor necesidad:

La de un Salvador.

Si usted nunca le ha dado la bienvenida al Señor Jesús en su corazón, para que sea su Salvador y lo conduzca en los asuntos de su vida, me gustaría animarlo y ayudarlo a hacer esto.

No hay necesidad de dilatar este asunto, pues un corazón sincero puede acercarse al amoroso Padre Dios en cualquier circunstancia. De modo, que quisiera invitarlo a que hagamos una oración juntos, ahora mismo, al Señor.

Si es posible, donde usted esté incline su cabeza e incluso arrodíllese si puede. Pero en cualquier caso, déjeme hacer una simple oración primero; después, he añadido palabras para que usted ore por su cuenta:

Mi oración:

"Padre Dios, tengo el privilegio de regocijarme con este hijo Tuyo que está leyendo este libro ahora mismo. Quiero darte las gracias porque su corazón se ha abierto y te ha sido mostrado, y quiero alabarte por tu promesa de que cuando clamamos a ti, Tú nos respondes.

"Sé que la sinceridad más pura se encuentra en este corazón, el cual está preparado para decir esta oración, y de este modo vamos hacia ti en el nombre y por medio de la cruz de tu Hijo, el Señor Jesús. Gracias por oírnos". (Y ahora, diga usted su oración.)

Su oración:

"Querido Dios, estoy haciendo esto porque creo en Tu amor por mí, y quiero pedirte que vengas a mí como yo voy hacia Ti. Por favor, ayúdame ahora.

"Primero, te doy gracias por enviar a la tierra a tu Hijo Jesús para que viviera y muriera por mí en la cruz. Gracias por el don del perdón de mis pecados que me ofreces, y te ruego que me lo otorgues ahora.

"Señor, te ruego me perdones y me limpies de toda mi maldad ante tu vista, por medio de la sangre de Jesucristo. Estoy arrepentido de todas las cosas indignas que he hecho ante tus ojos. Por favor, llévate de mí toda la culpa y la vergüenza, ya que acepto la verdad de que Cristo murió para pagar por todos mis pecados, y por El soy perdonado en esta tierra y he alcanzado la vida eterna en el cielo.

"Te ruego a ti, señor Jesús, por favor, que vengas a mi vida *ahora.* Porque te levantaste de la muerte, y sé que Tú estás vivo y quiero que vivas en mí, ahora y para siempre.

"Estoy entregando mi vida a ti, y yendo de mis caminos hacia los tuyos. Le pido al Espíritu Santo que llene mi ser y me conduzca hacia adelante en una vida que le agrade al Padre Celestial.

"Gracias por escucharme. A partir de este momento, me comprometo con Cristo Jesús, el Hijo de Dios. En su nombre. Amén".

Notas

1. Salmo 139:13
2. Septuaginta: *antilambano*
3. Mateo 10:31
4. Fuente: la revista *LIFE* reimpresa, copywright 1965, 1979.
5. Lucas 1:39-43
6. Hebreos 4:13; 2 Corintios 5:10
7. Juan 3:16
8. Romanos 5:8
9. Vea Juan 1:12

3

¿Qué calidad de vida?

Nuestra investigación de tales preguntas tiene que ir más allá de lo meramente teórico o teológico, y al hacer del Manual del Creador nuestro libro de texto, es algo concreto lo que tenemos entre manos, y no sólo teoría.

A LA LUZ DE LA ETERNA PALABRA DE DIOS, HEMOS fundamentado el hecho de que la vida empieza, en el momento de la concepción; que, aun antes de nacer, un ser plenamente importante empieza a cumplir por sí mismo los propósitos del Creador.

Surge otro asunto a la hora de referirnos al caso de los abortados, los malogrados o los muertos en el vientre:

> *Ya que* que el cuerpo nunca llegó a alcanzar su pleno desarrollo, como en el caso del aborto provocado o la pérdida de la criatura;
>
> *Dado que* nunca creció más allá del parto, como en el caso del niño malogrado;
>
> *Como esos* labios nunca lloraron, y mucho menos hablaron con inteligencia;
>
> *Como ese* ser tan ínfimo no hizo ninguna reflexión ... ni tomó conciencia de su propia existencia; entonces,
>
> *¿Cuál es la naturaleza exacta de ese "ser eterno" que no se desarrolló?*

El consenso de la mayoría sería que su hijo nunca "fue", y si de algún modo hubiera "sido", actualmente ya no "es". La deducción natural de la mente no iluminada por la revelación divina es que la vida del infante, tan tristemente desperdiciada, ya sea por mal funcionamiento físico, o por la intervención humana consciente, jamás podrá cumplir con su destino; es más, probablemente nunca tuvo destino. Pero así como la ignorancia da por perdida la esperanza, la intuición la puede restablecer.

Ya hemos visto que antes de nacer cada niño tiene una existencia infinita divinamente ordenada: los humanos, apenas concebidos, se transforman en almas eternas, ya que la vida no comienza con su primer aliento ni con el primer latido de su corazón. Esta empieza, de inmediato, con la primera unión de las células aportadas por la madre y por el padre. A partir de ese momento, según las Escrituras, existe un ser viable; un ser que trasciende su permanencia física relativa: ya sean ocho horas dentro del vientre u ochenta años más allá del mismo.

Siendo ésta la palabra *definiva* de Dios acerca de este tema, podríamos preguntar lógicamente: ¿Cuál es, entonces, el destino eterno del niño que no llegó a nacer, del fallecido en el vientre o muerto en la primera infancia? Si el niño jamás conoció la vida terrenal, ¿qué será de él? ¿Qué propósito tuvo? ¿Qué inteligencia tiene? Ciertamente, podrá ser eterno, ¿pero un eterno "qué"? ¿Hasta qué punto realmente existe esta vida?

Las bases para el entendimiento

Nuestra investigación de tales preguntas tiene que ir más allá de lo meramente teórico o teológico, y al hacer del Manual del Creador nuestro libro de texto, es algo concreto lo que tenemos, y no sólo teoría. No estamos en plan de adivinar, porque la Palabra de verdad de Dios elimina la adivinanza. Tampoco teologizamos por causa de un argumento académico. Dios no nos dio su Palabra como un texto para formular credos y ritos, sino como una fuente de respuestas a las necesidades humanas.

Nosotros necesitamos, primordialmente, el amor y el perdón de Dios, pero con ello necesitamos también la esperanza que El nos ofrece. Solamente su Palabra nos indica el camino para descubrir su propósito; un propósito funcional que trae a nuestras vidas tanto significado, como fuerzas para superar nuestras debilidades. Por medio de su Palabra, Dios ha dado luz a nuestro sendero para contrarrestar nuestras dudas y vencer nuestros temores, trayéndonos la esperanza permanente de que nuestros fracasos o desilusiones no tienen por qué anular nuestras posibilidades.

De esto se trata el programa de redención de Dios: La restauración de la vida y *la esperanza*.

La redención se centra en tres aspectos, de los cuales el segundo con frecuencia se tiende a dejar de lado. El primer aspecto es que Dios redime nuestro pasado, y el tercero nos promete gozo eterno en el futuro, en el cielo. Pero el segundo aspecto que nos dice que El ofrece esperanza y poder para nuestra vida actual, ofreciéndonos una vida bella y plena *ahora*, es muy poco comprendido. El nos perdona para darnos un futuro, y nos redime para empezar un programa de restauración de todo lo que hemos perdido, ya sea por nuestra incapacidad, ignorancia, negligencia, faltas o pecado.

Así que, tenemos razón de sentir una gran expectativa acerca del destino de aquellos pequeños que precozmente han alzado el vuelo de este mundo. Un análisis de las bases sólidas de las Escrituras, da pie para la fe en un futuro que trasciende nuestra pena y dolor. Para poder identificar exactamente qué será de su hijo de "vuelo precoz", o en qué se transformará más allá de la tumba, debemos contestar las siguientes preguntas:

- Como entidad espiritual, ¿es sensible e impresionable ese ser: su hijo? ¿Existe algún indicio de que posee intuición o "intelecto", en el sentido más espiritual de la palabra?
- De ser así, ¿hay seguridad de un destino eterno real para estos niños a quienes nunca conocimos? ¿En qué parte del cielo estará? ¿O, definitivamente, en el cielo?

La Biblia no guarda silencio acerca de la naturaleza espiritual de estos pequeños seres, sin embargo, jamás he escuchado una sola enseñanza que incluya estos cuestionamientos. Debo confesar que de no haber sido por dos factores, nunca habría empezado esta búsqueda para sondear estos pasajes.

En primer lugar, como pastor de una gran iglesia urbana en crecimiento, me encontraba constantemente con creyentes, recién nacidos en la fe de Jesucristo, en cuyo pasado se perfilaba el dolor de los recuerdos relacionados con el aborto provocado. Tenían inquietudes respecto a la vida del que habían extinguido de este planeta.

Segundo, tuve una conversación poco usual y muy interesante. Déjeme contarle la historia.

Mi esposa Anna y yo conversábamos un día con una señora mayor, una santa muy querida que hacía muchos años formaba parte de nuestra congregación. Con el transcurso de los años habíamos llegado a apreciarla como persona sensible y sensata. De no ser porque era una persona tan equilibrada, espiritual, y ordenada, de acuerdo a las Escrituras, probablemente no le hubiéramos creído mucho el episodio que nos relató. De manera muy natural, sin misticismo ni ni pretenciones, contó lo siguiente:

"Casi inmediatamente después que mi esposo y yo tuvimos nuestro primer hijo, quedé embarazada otra vez. Debido a que éramos muy jóvenes y esto ocurrió durante el tiempo de la Depresión y porque ninguno de los dos conocíamos a Cristo ni las promesas de la Palabra de Dios, decidimos que me haría un aborto, y así tuve esa experiencia. Varios años después, cuando ya nuestros hijos eran adultos, estaba yo orando un día —ya no recordaba este hecho tan lejano de nuestras vidas—, cuando el Espíritu Santo me dijo: "Nunca le has dedicado ese niño al Padre". Me sorprendió enormemente, no porque me sintiera avergonzada o condenada, sino porque ni siquiera había estado pensando en la experiencia aquella del aborto. Además, *jamás* se me hubiera ocurrido, realmente, dedicar a Dios un niño abortado.

"Sin embargo, por haber sido tan claro el incidente, le conté a mi esposo el asunto y, después de orar y leer la Palabra de Dios, eso mismo hicimos: juntos dedicamos nuestro hijo a Dios. Sabíamos que hacía mucho El nos había perdonado el pecado que habíamos compartido en esa época, en nuestra ignorancia de los caminos más perfectos de Dios. Pero, ahora, simplemente oramos: 'Señor, tú eres el Padre de todo espíritu, según nos dice tu Palabra. Y creemos que no sólo nos diste un alma eterna cuyo cuerpo maltratamos en nuestra ignorancia, sino que este ser todavía existe en tus grandes dominios. Sin conocer nada más, venimos humildemente a dedicarte este niño que tú nos diste, a presentártelo a ti. Y lo hacemos en el nombre de Jesús. Amen'".

Ahora bien, no es que esta pareja sintiera que la oración realizaba una "salvación por poder", o algo por el estilo. Ni estaban presentando una nueva doctrina, ni algún patrón de conducta que estimaban que debiera observar todo aquel que compartiera su fallo personal. Al contrario, estaban simplemente respondiendo a algo que sentían dentro de sus propios corazones. Ese acto de dedicación no fue tanto para beneficio del bebé sino de ellos mismos, porque la experiencia les ayudó a llegar a una genuina comprensión del hecho de que su bebé realmente existía, cosa que no habían considerado nunca antes tan profundamente.

En cuanto a mí, escuchar ese relato fue lo que finalmente me impulsó a realizar un estudio diligente de las Escrituras. Como resultado, no sólo fui tocado, edificado e iluminado por la Palabra mientras seguía este tema para enseñarlo a toda la congregación, sino que desde entonces he podido compartir estas verdades con innumerables personas a través de los medios de comunicación masivos.

Una revelación procedente de Jeremías

Ahora llegamos al tema de la capacidad *espiritual* del niño antes de nacer. Empecemos por las palabras del profeta Jeremías.

> *Antes que te formase en el vientre, te conocí; y antes que nacieses te santifiqué, te di por profeta a las naciones.*[1]

Aunque es evidente en el texto que Jeremías habla específicamente de la palabra que Dios tenía para él, la Biblia es igualmente clara acerca de lo que Dios quiere, no hace distinción de personas. Igual se compromete con nosotros como con *cualquier* individuo en particular, y esta revelación procedente de Jeremías viene a ser una prueba del punto de vista de Dios acerca de cada uno de nosotros ... mientras aún no habíamos nacido.

El profeta atestigua con firmeza, por revelación de Dios, que la existencia prenatal del hombre está ligada a la postnatal; en otras palabras: la vida de nuestra alma es eterna y espiritualmente continua, empieza en el momento de la concepción y continúa durante el parto y más allá del mismo. Así como nuestros cuerpos experimentan una vida física continua *temporal,* que empieza en el vientre y sigue creciendo y funcionando más allá de ese punto durante toda la vida terrenal, así también nuestros espíritus, la esencia de nuestras vidas, existen desde la concepción y más allá durante nuestra vida *eterna.*

A la vez que destacamos la viabilidad espiritual continua del niño que jamás experimenta la vida fuera del vientre de su madre, este versículo rinde dos datos tremendos respecto a *todo* ser humano: el *primero* revela el intento, o propósito, divino; el *segundo* revela la inversión, o la provisión, divina.

La intención y el propósito

Las palabras: "Antes que te formase en el vientre, te conocí", no sugieren la preexistencia de la personalidad, pero sí denotan el conocimiento previo de Dios y su intención respecto al niño. Nos está diciendo a cada uno para que entendamos: "Ni uno solo de ustedes es un accidente. He previsto su concepción. He planificado de antemano y he provisto un propósito para su vida". Si aplicáramos personalmente la esencia de este concepto, el impacto sería tremendamente transformador para nuestras vidas.

En consejo privado he conocido a muchísima gente cuyo sentido del valor personal fue degradado repetidas veces durante su infancia por comentarios como: "Nunca planeamos tenerte"; o "Si hubiéramos sabido de lo que se trataba, hubiéramos tenido menos hijos". Tales sentimientos de despersonalización se acentúan con frecuencia cuando las personas descubren que fueron hijos ilegítimos o producto de algún romance extraconyugal. Los individuos se cuestionan su valor, se desaniman por su destino y, a menudo, sucumben ante los sentimientos de inutilidad, especialmente en una sociedad que promueve el *azar* como la explicación de la creación del hombre, más bien que el *propósito* de Dios.

Pero Dios tiene una palabra para todo temor, ceguera, pecado y duda humana. ¡El nunca se llevó una sorpresa en lo que se refiere a cualquiera de nosotros! "Antes que te formase en el vientre, te conocí". Permita que se infiltre en su alma esa profunda afirmación de la intención y el propósito fundamental de Dios para cada ser humano, y que sea un sello en nuestra conciencia respecto a cada niño que esté en la matriz de su madre. Sea cual sea la frustración, la inconveniencia, el dolor o el desagrado, no existe ningún ser que no tenga un propósito dentro de la providencia más amplia de Dios. Aunque quizás sus propósitos no siempre armonicen con los nuestros, en la eterna sinfonía llegaremos a reconocer mejor la parte interpretada por cada criatura, aunque la nota tocada por las circunstancias parezca disonante.

La energía y la provisión

Jeremías 1:5 ilustra el propósito de Dios para el hombre que ya está latente en su mente y en su intención, aun cuando se encuentra dentro del vientre de su madre. "Yo te he nombrado profeta a las naciones", dijo Dios respecto a Jeremías; y en función de un propósito planeado, él no es una excepción: es un ejemplo de la intención de Dios. Su caso demuestra que no hay ningún niño sin nacer que no tenga un claro significado espiritual en los planes de Dios.

Pero en este texto hay una segunda característica, porque al decirle a Jeremías: "Yo te he nombrado profeta", Dios no está simplemente haciendo un nombramiento, más bien está asegurando los recursos adecuados para realizarlo. Asigna una obligación, pero también da la capacidad para cumplirla.

El mensaje implícito es que en cada niño se encuentra inherente, no sólo la *promesa* de cumplir el propósito de Dios, sino también la *provisión* del poder de Dios para cumplirlo. Me siento particularmente impulsado a señalar esto porque he conocido gente que, en su falta de conciencia de la doble verdad que revela este versículo, se ha sentido tentada a abortar a un niño. No sólo no se han dado cuenta de que Dios ya tiene un *propósito* para el niño, sino que no conocen la *promesa* de la provisión. Sin esperanza ni fe de que El proveerá y les ayudará a ver que se realicen los propósitos divinos en este niño, se sienten embargados de temor e incredulidad. Incluso, he sabido de abortos realizados simplemente por el temor al fracaso económico en la tarea práctica de la paternidad.

Pero Dios tiene una promesa para tal persona: Si deja que se realicen sus propósitos en el niño que está temiendo traer al mundo, El le ayudará en cada etapa. Pídale sabiduría y reclámale sus promesas de suplir adecuadamente sus necesidades materiales o monetarias. Pedid y se le dará ... ¡y su regocijo será pleno en sus hijos!

¿Sensibilidad espiritual?

¿Será este niño que aún no ha nacido una entidad espiritual real y viable, una criatura con indicios del propósito de Dios y de su poder; un ser sensible hacia el Todopoderoso y sus planes?

Un caso clásico evidente nos lleva de nuevo al Evangelio de Lucas, pero esta vez a considerar otro bebé, Juan el Bautista, quien estaba todavía en el vientre de su madre Elisabet. El mismo pasaje que leímos anteriormente nos amplía el entendimiento sobre otro punto clave.[2]

Al llegar María, dentro de cuyo vientre ya estaba concebido el Mesías, Jesús, a casa de Elisabet, el niño dentro de esta última se siente impulsado a brincar, literalmente a dar un salto, en respuesta a la realidad presente en la persona del Cristo que aún no ha nacido. Esto es increíblemente significativo ya que de Juan había profetizado un ángel a su padre Zacarías: "Irá (Juan el Bautista) delante del Señor (o sea, delante del Mesías para anunciar su presencia) con el Espíritu y el poder de Elías". Asombrosamente, y es casi divertido, ¡el bebé parece estar haciendo precisamente esto! Lo que 30 años después Juan estaría haciendo a orillas del Jordán, con lenguaje inteligente y con su discernimiento espiritual, ¡lo hace primero como bebé, antes de nacer!

Esto es más que una coincidencia interesante: al bebé no se le "ocurrió" saltar. Sino más bien, según asegura el propio testimonio que diera Elisabet, era la señal de Dios de que existía una relación directa entre sus palabras y el salto del niño en su vientre. El hombre lo podrá llamar superstición, y quizás estaríamos tentados a llamarlo coincidencia, pero dice la Biblia que era obra del Espíritu Santo.

Que nadie diga que los que aún no han nacido no tienen sensibilidad espiritual ni propósito. Puede ser que todavía no haya florecido la inteligencia ni se haya adquirido el lenguaje, pero ya el Creador ha tramado un propósito para este niño. Esa pequeña masa humana dentro del vientre materno ya está sintonizada para escuchar al Espíritu de su Creador.

El libro del doctor Thomas Verney, *The Secret Life of the Unborn Child* (La vida secreta del niño que no ha nacido), hace mención de la diferencia en la reacción del feto ante la inyección de yodo o azúcar en el fluido amniótico del vientre, cuando tiene apenas cuatro meses y medio de concebido. El niño reacciona con desagrado al sabor del yodo, pero cuando tiene azúcar consume el doble. Verney dice que el niño en el vientre reacciona a las cargas emocionales que recibe de su madre, notando que si la madre está realmente anticipando el embarazo con gozo, "tiene un efecto positivo increíble" sobre el bebé.

No vacilamos en reconocer que, en lo que se refiere al reino natural, ya están puestas todas las pruebas necesarias. Por tanto, no nos sorprendamos al descubrir, ni titubeemos en aceptar lo que la Biblia nos dice, que un niño que aún no ha nacido es, por lo menos, igualmente sensible y reacciona ante el reino espiritual también.

Notas
1. Jeremías 1:5
2. Lucas 1:39-43

4

Destino en el otro mundo

El hombre sin su Salvador es un ser que perece eternamente.

HEMOS ESTABLECIDO QUE EL NIÑO PRENATAL ES es un ser eterno capaz de dar una respuesta espiritual. Ahora bien, preguntamos: si el niño muere antes del parto o al poco rato, ¿cuál sería su destino en el otro mundo?

Inmediatamente hay que plantear el asunto de las opciones en el más allá. La filosofía humana sugiere múltiples posibilidades, pero Dios advierte que hay solamente dos. Los razonamientos del hombre ofrecen todo: desde el olvido hasta la euforia; de la nada hasta el todo; desde la extinción, como gusano que se secó en el pavimento, hasta un número indeterminado de encarnaciones en que el ser pasa de una vida hacia otra. Pero Dios dice que, una vez concluida en la tierra, la vida humana se encamina al cielo o al infierno.

No hay limbo.

No hay nirvana.

No hay purgatorio.

No hay reencarnación.

No hay olvido.

La Palabra de Dios describe o (1) un destino *dentro* de su voluntad y sus deseos, o (2) un destino que es el resultado de *oponerse* a su voluntad y sus deseos. El hecho de ser las únicas opciones (la ganancia eterna o la pérdida eterna) es lo único que justifica la medida tan extrema que exigía el amor de Dios, para asegurar la posibilidad de que cada persona recibiera la promesa de alcanzar el cielo.

Porque de tal manera amó Dios al mundo, que ha dado a su Hijo unigénito, para que todo aquel que en él cree, no se pierda, mas tenga vida eterna.[1]

El hombre sin su Salvador es un ser que perece eternamente. Ese "perecer" *no* significa que se transforma en nada, sino más bien que entra en el sufrimiento interminable, de un alma creada que se ha separado de su Creador por su propia voluntad y su pecado.

El apóstol Pablo profundiza en este hecho y destaca de nuevo, cómo la pasión de Jesucristo al venir a la tierra y morir, por confesión propia, para rescatar a una humanidad verdaderamente perdida, está constatando lo terrible y lo real de esa perdición.

Porque el amor de Cristo nos constriñe, pensando esto: que si uno murió por todos; luego, todos murieron; y por todos murió, para que los que viven, ya no vivan para sí, sino para aquel que murió y resucitó por ellos.[2]

El único motivo de la venida de Jesucristo fue el amor de nuestro Creador, que se rehúsa a permitir que perezca cualquiera de nosotros, creación suya, sin la posibilidad de una salida que nos regrese del exilio autoiniciado en el pecado. La meta de Dios es volvernos a traer para que *nos realicemos* plenamente en lo que nos ofrece hoy, y caminemos hacia el conocimiento del gozo eterno para el que fuimos creados.

Establecido por la Palabra de Dios el hecho de tener opciones limitadas para el más allá, ¿qué nos revela respecto al designio del ser que no nació o del que nació muerto?

Al cielo, ¿o...?

Nuestros corazones dictaminan: "¡Por supuesto, que al cielo!" Y por más veraz que pueda ser nuestra respuesta se tendrá que derivar de una autoridad mucho mayor que la de convicciones nacidas únicamente de nuestras emociones. Sin duda, todos argumentaríamos que estos bebés debieran entrar, inmediatamente, en el hogar de su Creador, en el cielo, para siempre. Y, efectivamente, *esa es* la respuesta correcta, pero necesitamos un fundamento superior para nuestro propio sentido humano de justicia. Precisamos tener una declaración autorizada del Juez del universo. Y, ¿qué dirá El?

Respecto a estos pequeñitos, como con todo humano que entra en su presencia al pasar de esta vida, podemos descansar en la seguridad de que *Dios es justo*. No necesita sugerencias ni propuestas basadas en nuestras emociones y nuestros razonamientos. No es necesaria nuestra insistencia de que "por supuesto" o "ciertamente" aquellos que no han nacido son "salvos". Dios conoce el espíritu de los rebeldes y ese callejón cósmico sin salida, que se llama infierno, es sólo un lugar autoimpuesto de eterno abandono para la gente que lo rechazan a El. Por ello, no nos sorprende que su Palabra sea clara respecto a estos pequeños que no han pecado: su salida imprevista de la breve vida en este mundo, los lleva inmediatamente a la presencia divina. Y nuestra esperanza puede descansar en ese conocimiento, fundamentado en la roca de su Palabra, y no sólo en nuestros sentimientos.

Las palabras de Dios respecto a los bebés fallecidos

Las palabras de Jesús. Jesús nos habla con gran ternura de la inocencia de los niños pequeños: "Sus ángeles en los cielos ven siempre el rostro de mi Padre que está en los cielos".[3] El significado de ello es, claramente, que a pesar del potencial inherente en cada niño para el pecado, los pequeñitos que todavía son inocentes, siempre disfrutan de una conversación ininterrumpida con el corazón de Dios. No se puede determinar a qué edad se rompe esto, porque variaría con cada persona. Sin embargo, hay algo que sí queda claro: que un niño sin nacer, o que nació muerto, no ha transgredido esa unión.

El canto de David. En el Antiguo Testamento, David habló de su hijo que falleció a pocos días del parto: "Yo voy a él..."[4] Esta afirmación toma un significado más amplio desde el momento en que nos damos cuenta de que fue pronunciada por el mismo que cantó: "Y en la casa de Jehová moraré por largos días"[5] El lugar de la morada eterna, para ese niño fallecido, se sabía que era el mismo esperado por todo creyente que ha recibido la promesa de Dios de la redención.

El clamor de Abraham. Cuando Dios le contó a Abraham que iba a destruir a Sodoma y Gomorra, Abraham le preguntó: "¿Destruirás también al justo con el culpable?" Parece estar apelando a Dios a favor de los inocentes. Luego parece que recuerda que no necesita presionar a Dios para que haga el bien e inmediatamente se da la respuesta a su propia pregunta: "Lejos de ti el hacer tal: que hagas morir al justo con el impío, y que sea el justo tratado como el impío; nunca tal hagas. El Juez de toda la tierra, ¿no ha de hacer lo que es justo?"[6]

¡Sí! ¡Mil veces, sí! *Se puede contar siempre* con el Juez de toda la tierra. El hará lo justo y lo recto... ¡Siempre!

Tanto en el caso de Abraham como con nosotros y nuestros hijos, Dios es justo de acuerdo a los términos *celestiales*, no meramente según los terrenales. Y dentro de esas normas eternas, imperecederas, el mensaje de la Palabra enseña que el niño que nace muerto, el que muere después del parto, el que es abortado en forma natural o provocada, ciertamente pasa a la presencia de Dios.

¿Y qué acerca del inconverso?

Pero ¿qué pasa si los padres no son creyentes? ¿No dice la Biblia algo respecto a que el niño entonces queda fuera de la gracia de Dios, tal y como la describí?

Sin duda, esta pregunta se plantea basándose en un malentendido de 1 Corintios 7:14: "Porque el marido incrédulo es santificado en la mujer, y la mujer incrédula en el marido; pues de otra manera vuestros hijos serían impuros, pero ahora son santos".

Pero este pasaje no tiene nada que ver con la viabilidad espiritual de la prole de un matrimonio espiritualmente mezclado, ni tampoco con los niños de una pareja en que ninguno de los dos es creyente.

En este texto, el apóstol Pablo se plantea un asunto moral. Los corintios se cuestionaban la legitimidad de los niños nacidos a una pareja en que solamente uno confesaba a Cristo como Salvador. ¿Sería la de ellos una relación impura, impía, y por lo tanto, sus hijos ilegales o no santificados a los ojos de Dios? La respuesta de Pablo es rápida y directa: "No, los niños no son rebajados a los ojos de Dios, de ninguna manera"; se les declara social y legalmente aceptables a los ojos de Dios. Pero, al decir esto, la Biblia ni declara, ni implica que los padres deciden el destino eterno de sus hijos. Las parejas creyentes no producen automáticamente hijos creyentes, ni a la inversa, la falta de fe de padres no creyentes no condena automáticamente a sus hijos a la perdición eterna.

La salvación siempre es una opción individual. Es cierto que la influencia paterna en el transcurso de la vida del hijo contribuye muy positiva o negativamente en su comportamiento, pero no lo puede controlar. En cuanto al destino de los que no han nacido, como estos niños no han tomado decisiones morales permanecen en su estado inocente. Por lo tanto, la justicia perfecta de Dios los recibe en Su presencia, sin importar la condición espiritual de los padres y sin tomar en cuenta las circunstancias de la concepción de los niños.

Conociendo todo esto...

- ¿Por qué nos rodea tanta confusión, incomprensión y condenación?
- ¿Por qué hay tanta gente que se cuestiona el propósito de sus vidas?
- ¿Por qué el temor gana la victoria sobre la fe, y por qué se extinguen los bebés en el vientre como candelas en el viento?
- ¿Por qué la culpabilidad logra mantener sus garras sobre tanta gente, a pesar de que el perdón de Dios se da con tanta liberalidad?
- ¿Por qué se impone la estrechez de espíritu para que los creyentes juzguen basándose en los fallos humanos, en vez de ministrar consuelo y esperanza?

Las respuestas a estas preguntas se dan brevemente, contestadas en su totalidad con una sola afirmación directa de Jesús:

> *El ladrón no viene sino para hurtar y matar y destruir.*[7]

De acuerdo a Cristo, precisamente lo que señalamos es obra del diablo; un *robo* satánico de gozo, un demoniaco *matar* la esperanza y una *destrucción* infernal de vidas. Pero la solución al dominio de las obras de nuestro archiopositor se encuentra en las palabras de Jesús:

> *Yo he venido para que tengan vida, y para que la tengan en abundancia.*[8]

He aquí la verdad: el niño de "vuelo precoz", el que nace muerto, el recién nacido que muere, el que se pierde, el abortado, no es un "nadie" que no ha ido a ninguna parte.

- El o ella no fue simplemente un pequeño conjunto de células sacados al exterior. No fue meramente una masa de huesos y tejidos echados en una bolsa plástica.
- El o ella no es un sólo un cadáver rígido colocado en un pequeño ataúd.

Más bien, cada uno de estos pequeños se encuentra en la presencia del Padre. Tienen identidad, individualidad y merecen ser conocidos por lo que realmente son: seres eternos. Todavía tienen un propósito divino que, aunque por el momento sobrepase a nuestro entendimiento, lo percibiremos claramente, con el amanecer de ese día en que ya no veremos como a través de un espejo, oscuramente, mas, entonces, cara a cara.[9]

Si es consuelo lo que necesita, quiero tocarle la mano. Quiero verter el aceite de la esperanza en su corazón, para reabastecer esa llama vacilante que requiere combustible para iluminar el mañana.

Mi amigo o amiga, la verdad que le puede liberar, y esa verdad a la que nos referimos en estas páginas, es la clave que usa el Espíritu Santo para su liberación. No importa lo que pida su corazón, ya sea remoto al objeto inmediato o si está directamente en el centro del mismo, clámele al propio Jesús. El es la Verdad encarnada, accesible a nosotros. Invítelo a realizar su obra en cada fase de su vida presente, con esta oración profundamente sincera:

Ven, Señor Jesús.

Notas
1. Juan 3:16.
2. 2 Corintios 5:14-15
3. Mateo 18:10
4. 2 Samuel 12:23
5. Salmo 23:6
6. Vea Génesis 18:23-25
7. Juan 10:10
8. Juan 10:10
9. 1 Corintios 13:12

5

En el cielo es una persona

*También hay cuerpos celestiales
y cuerpos terrenales, y la gloria
del uno es distinta
a la del otro.*

1 Corintios 15:40 (paráfrasis)

PARA RESUMIR, HEMOS EXAMINADO ESTAS VERDADES de la Biblia en tanto se relacionan con su hijo o hija fallecidos:

- Desde el momento de su concepción, la vida que se inicia no sólo es verdaderamente humana, sino que por lo mismo, es verdaderamente un ser infinito. Existe en este ser un alma eterna.
- Cada criatura que no nace, tiene sensibilidad espiritual viable. Aunque no hayan empezado a desarrollarse el intelecto y el lenguaje como los conocemos, están presentes la sensibilidad, el potencial espiritual y las capacidades propias de los humanos.
- Dios le confiere un valor inestimable a cada vida humana y tiene un propósito para ésta, de tal manera que dio a su Hijo para recuperar de la perdición eterna a todo aquel que reciba Su redención.
- El que no nace, el que nace muerto y el recién nacido que muere, pasan inmediatamente a la presencia de Dios; van al cielo.

El meollo de estas afirmaciones es que *sí existe* el niño abortado, perdido, muerto antes o después de nacer; se encuentra con Dios como alma eterna; y es capaz de una comunicación espiritual, sensible. Pero otra pregunta razonable nos llega a la mente.

Si al morir, el niño que no ha nacido realmente se va al cielo, ¿qué forma toma, una vez allá? En vista de que este niño nunca se desarrolló más allá de un embrión o de un feto, ¿cómo se verá allá en el cielo? Incluso, un niño muerto poco antes de nacer, que ya para esta etapa normalmente esté físicamente completo, generalmente tiene poca identificación física distintiva. ¿A quién se va a parecer en la eternidad?

¿Serán importantes tales preguntas?

Creo que sí, porque todos somos criaturas destinadas a ser eternas. No sólo estarán incorporados a la presencia de Dios en esa ciudad eterna todos aquellos seres que partieron antes del nacimiento, sino también los que sobrevivimos toda una vida más allá del parto. Allá nos encontraremos y también reconoceremos a esos infantes. Cuando se despejen los horizontes de esa perspectiva, quizás desenvuelvan para cada uno de nosotros una multitud de valores basados en la Biblia.

Aquí brilla de nuevo la Palabra de Dios, como hace con tanta frecuencia al iluminar la noche oscura del dolor humano. Medite acerca de lo que dice de un posible encuentro con el niño que le dejó poco antes o después del parto.

Un eventual reencuentro

En el Antiguo Testamento aparece un relato maravillosamente tierno, un pasaje real de la historia,

que con una promesa esperanzadora llega al clí-
max de una situación de fracaso.

Ya habrás escuchado la historia.

Desde el balcón de su casa, David observa a la
esposa de su vecino, Urías, mientras ella se baña.
Lleno de lascivia, ordena que traigan a Betsabé a
su dormitorio y hace el amor con ella, estando aún
su esposo guerrero en el frente de batalla, al
servicio del mismo hombre que le está quitando
su mujer. Los sórdidos detalles de la historia
culminan con el embarazo de Betsabé, el asesinato
de Urías y la acusación de David por Natanael, el
profeta. "El niño no vivirá", declara Natanael.

A poco rato del nacimiento, el bebé empieza a
debilitarse, la muerte está a las puertas. David
busca la misericordia de Dios con arrepentimiento, ayuno y oración; rehusando todo alimento para
poder interceder ante Dios a favor del niño.

Cuando se muere el niño, David no se amarga,
ni se resiente, ni siquiera sigue triste. Sus sirvien-
tes quedan desconcertados al verlo levantarse de
la oración y dejar su luto. Y allí, contra ese antiguo
telón de la ignorancia humana respecto a los propósitos más elevados de Dios para con los niños
que han muerto, David pronuncia la palabra reve-
ladora. "Yo voy a él, pero él no volverá a mí".[1]

Marque bien estas palabras.

Fueron pronunciadas por un hombre que había
pecado. Sobre todo, veamos cómo surge la esperanza dotada por Dios, ¡en el pecho de la misma

persona señalada como responsable de que el niño no sobreviviera! Pero es también una persona que lamentó su error y se arrepentió de él, y ahora habla con esperanza: "Yo voy a él".

David vivió una larga vida después de este episodio, pero aquí está diciendo: "Llegará el día en que me encontraré con este niño, saludaré a este niño, y algún día estaré para siempre con este niño".

Esto está en la Biblia. No es ningún mito, ni fábula, ni leyenda o una selección de pensamientos para los afligidos. Es una verdad que nos liberta. Aquí usted está específicamente libre para esperar encontrarse con su niño en el cielo, para reconocerlo a él o a ella y para estar con su pequeño.

¿Cómo se verán?

Casi que puedo escuchar la protesta de alguno: "Pero, Jack, ¿qué pasa con los bebés que murieron por pérdida o aborto? ¿Cómo se verán? ¿Cómo los conoceré, o reconoceré? ¿Qué forma tienen?"

Gracias a Dios, estas preguntas también se pueden contestar, pues su Palabra nos ofrece suficiente información. Aunque David hablaba de un bebé que murió a pocos días de haber nacido, podemos también dar respuesta autoritativa respecto a un embrión que cuando fue malogrado, quizás tenía muy pocas semanas de desarrollo en el vientre.

El primer fundamento lo obtenemos en 1 Corintios 15:40:

> *También hay cuerpos celestiales y cuerpos terrenales, y la gloria del uno es distinta a la del otro (paráfrasis).*

La Biblia deja en claro estas dos cosas; las personas que han partido de esta tierra, no son espectros flotando por los aires. Las falsedades satánicas emplean tales concepciones fantasmagóricas y las usan los ocultistas, que conjuran presencias demoniacas espantosas para engañar, atar y promover el terror. Pero las pocas veces que aparecen en la Biblia personas, en términos bíblicos, en sus "cuerpos celestiales", éstas se pueden identificar muy bien.

Cuando los discípulos, en el Monte de la Transfiguración, vieron a Jesús hablando con Moisés y Elías, los reconocieron como seres humanos y supieron intuitivamente quiénes eran. No vieron diapositivas proyectadas en una pantalla, ni quedaron atónitos, ni se horrorizaron por espejismos de ectoplasmas. Ellos vieron *gente* que había muerto. En realidad, la Biblia menciona específicamente el entierro de Moisés; y la experiencia de Elías, aunque extraordinaria, no sustituyó a la muerte física real. Por supuesto, los discípulos jamás habían visto antes a Elías y Moisés, sin embargo, supieron inmediatamente quiénes eran.

"Pero ¿cómo voy a reconocer a quien nunca tuvo cuerpo?"

Esta es más que una pregunta razonable: es difícil. Al fin y al cabo, si el niño que se malogró o fue abortado no estaba ni siquiera completamente formado en el momento de su muerte, ¿qué queda para reconocer... para saludar?

El registro que Dios tiene de su apariencia

El Salmo 139 es una oda a las maravillas del genio y del amor de Dios, al proveernos del equipo increíblemente maravilloso que llamamos cuerpo humano. En los versículos 15 y 16 el salmista escribe:

> *No fue encubierto de ti mi cuerpo, bien que en oculto fui formado, y entretejido en lo más profundo de la tierra. Mi embrión vieron tus ojos, y en tu libro estaban escritas todas aquellas cosas que fueron luego formadas, sin faltar una de ellas.*

Aquí, hace 30 siglos, hay un fantástico aviso anticipado de algo que apenas hemos llegado a comprender en este siglo. El autor está diciendo "Señor, todos mis miembros están descritos en tu libro... incluso, mientras todavía se están formando en el vientre, tú ya tienes un registro de lo que yo seré físicamente". La *New English Bible* (la Nueva Biblia Inglesa) lo dice con claridad cristalina: "Mi embrión vieron tus ojos, y en tu libro estaban escritas todas aquellas cosas que fueron luego formadas, sin faltar una de ellas". [2]

¿A cuál "libro" se referirá la Biblia? ¿Dónde está ese libro que registra cada detalle del desarrollo de nuestro diseño individual? En la década del 50, dos biólogos ganaron el Premio Nobel por descubrir el secreto del ADN (ácido ribonucleico), esa hélice doble que va en espiral dentro de la estructura celular del cuerpo humano y retiene, en forma codificada, los detalles del potencial físico de cada persona. Lo extraordinario de este "libro", por decirlo así, es que dentro de cada *célula* se encuentra el plano *entero* del ser. Esto significa, esencialmente, que aun en el conjunto más pequeño de células que constituyen el tejido de un niño que se malogró, ya está presente la orden codificada de su desarrollo físico y su futura apariencia. En resumen, Dios sabe cuál hubiera sido, al cumplir 12 años de edad, o a los 28, la apariencia física de su hijo que no llegó a nacer.

Esta información no pretende contestar todas las preguntas, ya que sobre algunas podemos únicamente especular por el momento. Sin embargo, las siguientes afirmaciones no son especulativas, sino verdadera certidumbre cuando decimos:

- El niño que usted perdió, actualmente tiene una forma física humana y no es un fantasma que flota en alguna parte del espacio.

- Algún día lo conocerá y, simple e inmediatamente, "sabrá" quién es, porque estaremos en una era en que "conoceremos así como somos conocidos". [3]
- La forma física de la criatura que perdió es tan imprevisible para usted ahora como lo fue antes del nacimiento, pero es muy probable que será como el cuerpo que, de haber vivido, habría sido dictado por su código genético.

Es maravillosa la Palabra de Dios, ¿no es cierto? Así como su gracia.

Notas
1. 2 Samuel 12:19-23
2. Salmo 139:16
3. Vea 1 Corintios 13:9-12

6

Los instrumentos de la sanidad

Toda verdad existe para ponerla en práctica y no simplemente para meditarla.

LAS AFIRMACIONES EN LAS PAGINAS ANTERIORES SON consecuentes con la revelación bíblica.

No estamos adivinando.

Y a la luz de todo lo que hemos descubierto, es natural que surja la siguiente pregunta: ¿Qué hago con todo esto? Toda verdad existe para ponerla en práctica y no simplemente para meditar acerca de ella. Porque Dios revela su voluntad en su Palabra para dirigirnos, no meramente para informarnos. Su Palabra nos ayuda a responder de acuerdo a su voluntad. Si hay algo seguro es que El desea que todos seamos instrumentos de amor, de Su vida y de Su sanidad, y quiero invitarte a dar algunos pasos para avanzar por ese camino.

Cómo comprender la verdad acerca de Dios

Las verdades que hemos estudiado tienen la finalidad de aclarar la confusión que rodea el destino del niño que no llegó a nacer y del recién nacido que se pierde a causa de la muerte. Su importancia, su propósito y su potencial eterno son manifiestos en la Biblia que, además, reafirma que estos niños tendrán formas físicas en el mundo venidero. La Biblia ofrece la esperanza de un nuevo mundo, una nueva unión, una nueva dimensión de relaciones.

Hay un versículo de las Escrituras que se cita con frecuencia y ¡es de maravillarse lo que hemos hecho con este pasaje! Siempre eliminamos el principio del versículo, a la vez que se nos olvida el final. Citamos: "Todas las cosas ayudan a bien". Y la mitad de las veces se cita este texto con una actitud de "lo que será será"; una postura pasiva sugiriendo que somos víctimas inútiles de la voluntad soberana de Dios, que simplemente debemos esperar lo mejor, pase lo que pase.

Pero eso no es lo que dice este versículo, pues denota una certeza firme: "Y sabemos que a los que aman a Dios todas las cosas les ayudan a bien, esto es, a los que conforme a su propósito son llamados".[1] Lo que realmente dice este pasaje es que no importa cómo nos ataque el enemigo de nuestras almas ni qué impacto tengan las circunstancias humanas sobre nuestras vidas. Es Dios el que finalmente puede desterrar el dolor o el problema, redimirlo y convertirlo en nuestro bien. Lo que Satanás destinó para mal, Dios puede transformarlo para nuestro bien.

Es posible que te hayas ido por un camino de amargura y de ira ante la pérdida de tu niñito.

Pero esa pérdida no fue culpa de Dios. Vivimos en un mundo quebrantado, imperfecto y somos miembros de una raza caída, perdida. La secuela de esa caída nos rodea constantemente en la forma de enfermedad, pecado, desastres naturales, tragedia y muerte. Sin embargo, si usted hace de Dios el blanco de su frustración, no sólo no logrará recibir el consuelo que El le puede dar, sino que también estará desperdiciando sus energías emocionales al orientar su ira en dirección equivocada.

Aproveche el proceso de duelo

La actitud de muchos espectadores a veces tiende a ser bastante insensible hacia la pérdida de un niño debido a un malparto, aborto, muerte en el vientre o después del parto. Quizás ya conoce ese tipo de gente, personas que pueden haber reaccionado como si su bebé hubiera sido casi una nulidad, especialmente si el niño murió en el vientre antes que hubiera tenido la oportunidad de sostenerlo en brazos y tocar esta pequeña vida nueva. Las mismas personas pueden haber desdeñado su dolor, haciéndole sentir casi anormal por haber experimentado ese duelo profundo y el sentimiento de pérdida por el bebé que nunca logró conocer.

Por favor, consuélese. Así como las Escrituras han puesto en evidencia la realidad y el significado de la vida que alguna vez fuera nutrida dentro de su vientre, su pérdida también es real e importante. No le sorprenda si experimenta el misma período de dolor como cualquier persona que haya perdido un ser querido. Es más, la profundidad del sentimiento puede no ser tan grande ni la época de duelo tan prolongada, porque son pocos los recuerdos con qué lidiar. Pero, con mucha frecuencia, hay ilusiones que no se cumplieron; el gozo anticipado de las mismas se vio, repentinamente, apagado.

¿Es usted una de esas madres que apenas supo del embarazo, su corazón se llenó de amor y comenzó a darle cada vez más cabida en él a esa pequeña vida? Aunque no conoció a su niño o niña, ¿dejó un gran vacío en su corazón su "vuelo precoz"? Que ninguno jamás se sorprenda ni le dé pena de tener emociones tan profundas por la muerte de un feto. La pérdida es real y cuando el dolor se presenta hay que aceptarlo, reconocerlo y reaccionar a éste.

Pero hay otro problema que enfrentar. Con frecuencia sentimos que podemos hacerle frente a todo, cuando hemos logrado reprimir efectivamente nuestras emociones para someterlas. Pero, posiblemente, quedemos emocionalmente destrozados, o aniquilados si vencemos los sentimientos de dolor o negamos la realidad de la profundidad de la pena, anulando estoicamente las emociones verdaderamente humanas. Y la ira que no se confronta, rápidamente se puede transformar en amargura. Además, con frecuencia, las personas se confunden con ideas completamente falsas y hablan de que Dios "les quitó el niño". ¡Cuán a menudo se sugiere que Dios "volvió a tomar" la vida que anteriormente había "dado desde el cielo"! Pero esta idea no es bíblica y no viene siendo más verdadera por el mero hecho de haberse repetido tantas veces, o citado tan poéticamente, en los entierros de niñitos. No importa lo bien intencionadas que sean, tales palabras mal orientadas se desvían de la verdad y, además, levantan muros de temor. Puede ser que digas: "Si Dios se llevó a mi hijito, ¿cómo podré confiarle mi propia vida? ¿Por qué he de confiar en un Dios a quien poco le importan mis necesidades y emociones más profundas, más frágiles?" Pero, escuchen, amados, Dios jamás lo ha hecho, y "no se lleva a los bebés porque los necesite en el cielo".

Así que, permita que el entendimiento penetre su alma. Si reconoce que siente ira por la pérdida de su hijo o hija, confróntelo ahora mismo. Es increíble la capacidad de la mente humana para conducirse por caminos laberínticos sin salida. Quizás pensemos que el autocontrol nos ayudará a vencer el dolor, pero nunca lo hace. El dolor, a menudo, incluye sentimientos subconscientes de temor o de ira, que pueden ser aprovechados y seguidamente le enseñaré cómo.

Existe una importante dinámica en el proceso de intentar aliviar el dolor personal que consiste, sencillamente, en poder hablar con Dios, con la familia y con las amistades dentro de su círculo fraternal.

Nos hace falta conversar unos con otros. Una de las mentiras más grandes que conjura el enemigo de nuestras almas es que a nadie le interesa lo que tiene importancia para usted. O que el único recurso que le queda es pagar a alguien para le escuche: a un psiquiatra, un médico o un pastor. Si bien estos profesionales pueden ayudarle mucho y, por cierto, tienen su lugar, permita que sus familiares, sus amistades y su comunidad cristiana le ayuden a enfrentar el dolor de la pérdida en este tiempo de prueba.

Empiece con la oración.

O sea, simplemente, háblele a Dios.

Converse con el Señor acerca del hijo que tuvo. Descríbale con toda sinceridad su perplejidad y sus dudas. Crea en su amorosa disposición a abrazarle en su dolor e incluso a comprender sus temores. Pero, querida amiga, no lo culpe a El. Confíe en El.

Es más, si siente el deseo de hacerlo, exprésele el amor que siente hacia su hijito. Hágalo ante Dios. Si bien sabemos que no es posible la comunicación con un ser querido fallecido, y que hacer cualquier intento en esa dirección abre la puerta a los engaños de Satanás, sí podemos conversar libremente con Dios respecto a nuestros sentimientos y exponerle cualquier inquietud que surja en nuestros corazones. Pero recuerde, si en algún momento ha sentido ira hacia Dios, permita que estas verdades que hemos mencionado sean el instrumento para un cambio de actitud. El conoce nuestros corazones y no sólo perdona nuestros malentendidos, sino, como Padre perfecto, amoroso y único, nos recibe con gozo, aun cuando derramemos lágrimas, y le confiemos nuestra tristeza y dolor. Tráigale todo a su presencia, pues no sólo aceptará el clamor de su corazón, sino que *El mismo le consolará.*

Permita que su corazón despedazado le abra la puerta a Dios para descubrir su misericordia infinita, su bondad y su gracia. El es el Redentor y su misericordia y lealtad amorosa sobrepasan todo entendimiento. Le insto a conversar con "Abba" (palabra hebrea que significa "Papito"). Su Santo Espíritu, el mejor Consolador que jamás ha existido, desea ayudarle a hacerlo.[2]

Recuerde también, que Dios le promete el reencuentro con su hijo, algún día. Es significativo para la madre que tuvo una pérdida durante el embarazo: "Aunque no pude recibir a mi hijito ahora, mi embarazo no fue en vano". La *esperanza* llena el corazón de los padres de un bebé que murió en el vientre, o que murió recién nacido: "Nunca tuvimos la oportunidad de conocerle... pero algún día lo haremos". Y para aquella madre que prefirió abortar, hay paz: "Algún día nos veremos de nuevo en el cielo, donde nuestra relación será completamente restaurada". A la luz de este significado, la esperanza y la paz que Dios da son perfectamente apropiadas para poder decir: "Te sostendré en mis brazos en el cielo". Habrá un encuentro con ese niño o esa niña, algún día.

En 1 Tesalonicenses 4, el apóstol Pablo analizó las implicaciones de la venida de Cristo, ayudando a la gente a comprender cómo serán resucitados los muertos. Vislumbró un grande y glorioso encuentro en donde se reunirán tanto los vivos como los muertos que se han preparado por medio de su relación con Dios. Fue dentro de este contexto que les dijo: "Y así estaremos siempre con el Señor... alentaos con estas palabras".[3] A partir de ese momento de estar reunidos con el Dios vivo que nos creó, estaremos para siempre con El y con nuestros hermanos. No es un sueño, un mito o una fábula elaborada por seres humanos. Es algo que nuestro Salvador Jesucristo, verdadero y resucitado, nos ha prometido a todos los que confiemos en El, y con esto podemos contar. El es la plenitud de la verdad, ¡el Hijo de Dios!

Hágale frente a su culpabilidad

Estoy convencido de que la culpabilidad es parte natural del ciclo de aflicción. Es la reacción humana que intenta buscar una respuesta lógica para explicar cada tragedia. Pero las ramificaciones de una culpabilidad sin resolver son profundas y traen como consecuencia:

- Inseguridad, en la medida en que comenzamos a dudar de las mismas bases sobre las cuales están fundamentadas nuestras vidas;
- Una confianza dañada, al pasar cada día por la vaguedad de la incertidumbre, con frecuencia incapaz para hacerle frente a las demandas de cada día; y

- Una fe frágil, porque empezamos a cuestionar si Dios se adapta a las duras realidades de la vida y de qué manera lo hace.

Pero Dios tiene un remedio para todos estos síntomas producidos por la culpabilidad. Nos llama a enfrentarnos a ésta, a ponerla en su lugar. No lo exije con el fin de reabrir una herida, sino más bien para permitirnos tratar de una vez y por todas con cualquier condenación o duda que sintamos, y que podamos librarnos de ellas. Ya ve, cuando nuestras emociones son vulnerables, el adversario, Satanás, se aprovecha de nuestro dolor, hiriéndonos con sentimientos de culpabilidad y condenación. Especialmente, cuando ocurre una muerte, tienden a abundar los sentimientos infundados de culpabilidad.

Por ejemplo, recuerdo cuando mi propio yerno estuvo atormentado por los remordimientos a causa de la muerte de su hermano en un accidente trágico, porque ese día no había orado por él. Por favor, escuche, deje de lado su dolor causado por la culpabilidad, en el nombre de Jesús y apoyado en la gracia de Dios.

Algunas veces, sin embargo, parte de la culpabilidad es bien fundada. No puedo negar la existencia y la necesidad de la dinámica saludable de esta culpabilidad, porque he conocido a demasiada gente que por medio de ésta lograron encontrar alivio. Algunos, golpeados por el remordimiento y el dolor por su decisión de seguir adelante con el acto de abortar, han sido correctos al reconocer su terrible error e incluso más íntegros al traerlo humildemente a los pies de nuestro Padre Dios, amoroso y perdonador. Si este es el caso suyo, permita que la culpabilidad haga su tarea importante, llevándole al arrepentimiento. La limpieza y el perdón pleno serán suyos porque no hay decisión o selección nuestra que sea tan tremenda como para alejarnos del poder limpiador y sanador de la gracia de Dios en Jesucristo.

Venga a El.

Y una vez restaurada su relación con Dios, su culpabilidad habrá cumplido su propósito y ya no tendrá lugar en su vida.

Echela fuera y rehúse aceptar su argumento; que no retome ni el mínimo lugar para atormentar su mente o sus sentimientos.

Estar libre de culpa —ya sea real o imaginada, ha sido posible por medio de la sangre de Cristo—, sin embargo, es a veces más fácil de describir que realmente desecharla. Pero, ¡escuche! Dios mismo nos ha provisto de los medios para iniciar y sostener la victoria sobre la culpabilidad. Por medio del profeta Isaías, Dios nos ordena: "Canta y grita por lo que he hecho. Te he redimido, he borrado tu culpa, por tanto grita de alegría".[4] La Palabra de Dios lo dice muy simplemente: Canta. ¿Por qué no hacerlo ahora mismo? Dondequiera que esté puede cantar suavemente, o por lo menos, puede canturrear.

> Sublime gracia del Señor
> que a un infeliz salvó.
> Fui ciego, mas ahora veo;
> Estuve perdido, pero El me halló.[5]

Cuando empiece a cantar, alabe al Señor con agradecimiento antes de tratar de razonar todo. Su Espíritu Santo empezará a soltar cualquier cadena que parezca estarle atando a los sentimientos de culpabilidad.

Y si el archimentiroso persiste en atormentarle con cualquier futura condenación, descanse su defensa simplemente en la presencia de la Palabra Viviente de Dios:

> *Ahora, pues, ninguna condenación hay para los que están en Cristo Jesús.... Porque la ley del Espíritu de vida —y este poder es mío en Cristo Jesús—, me ha librado de la ley del pecado y de la muerte.*[6]

Notas
1. Romanos 8:28
2. Gálatas 4:6, Juan 14:15-18
3. 1 Tesalonicenses 4:15-18
4. Isaías 44:23-24 (paráfrasis del autor)
5. John Newton: "Maravillosa gracia" (autorizada su publicación)
6. Romanos 8:1,2

7

El latido de amor del corazón

Esto es mi cuerpo que por vosotros es partido.

1 Corintios 11:24

AL IR AVANZANDO EN FORMA PRAC-TICA EN NUESTRO estudio de la verdad de la Palabra de Dios, procedamos a otro nivel de necesidad. ¿Qué podemos hacer para detener el flujo de vidas y de esperanzas perdidas como resultado del aborto?

Hay actitudes que evaluar y acciones que tomar, y el latido del corazón para ambas se resume en una palabra: *amor*. Amor que llega al alma para echar fuera el temor.

Hoy día, muchísima gente tiene sentimientos muy definidos acerca del aborto; sentimientos que arrastran, enojan, aplastan y estrangulan. Pero yo desearía que hubieran estado allí esa mañana todos los que en algún momento tuvieron inquietudes acerca del aborto, o llevaban cicatrices por ello. Creo que lo sucedido, en medio de un culto de adoración con varios miles de personas presentes, debiera afectar la manera de pensar de cualquiera. Esa mañana todos se sentían bien por no haber tenido un aborto, pero nadie se sentía presumido, santurrón, ni superior por tener este sentimiento.

He aquí el relato.

La llamaré Tamara para proteger su identidad verdadera. Era una muchacha con atractivo sexual, pero no tenía una base espiritual en su vida. Recién llegada a una ciudad nueva y a un trabajo nuevo, Tamara conoció a un muchacho simpático. Comenzaron a salir, y no porque fueran generalmente promiscuos, sino porque, simplemente, eran seres humanos sin experiencia ni fortaleza ni guía espiritual personal que los ayudara a ser diferentes, Tamara y su novio hicieron el amor y ella quedó embarazada.

El huyó.

Sí, el novio estaba asustado.

Quizás no fue una reacción muy noble de su parte pero, antes de ser demasiado duro con el muchacho, recuerde lo que comentamos: dos jóvenes sin raíces espirituales, apenas comenzando a ser adultos en algunos aspectos, a pesar de sus veintitantos años, se dejaron llevar por sus emociones. Bien, este muchacho no estaba listo para empezar una familia y huyó.

Pero, Tamara no podía escapar como él.

El problema ya estaba dentro del cuerpo de la muchacha. Y estaba aterrada por lo que era todavía una ínfima masa de células, que se multiplicaban a un paso fenomenal cada día.

Todavía no conocía la ciudad, estaba recién ingresada a su ambiente de trabajo, recién enamorada (al menos, eso había creído). Y ahora estaba por estrenar el papel de madre sin su compañero.

Tamara luchó con los temores que la atormentaban. Llamó a sus padres quienes inmediata y completamente la rechazaron sin ofrecerle ningún apoyo, guía ni consejo. Sólo le dijeron: "No vuelvas a casa". Fue en ese momento que decidió averigüar en las páginas amarillas del directorio dónde hacerse un aborto.

La edición previa del nuevo directorio telefónico, que había salido hacía apenas un mes, era muy semejante a la de otros directorios en la mayoría de las ciudades de esta nación. Había un listado de docenas de clínicas para hacerse abortos, con nombres que sugerían consejería y consulta para disimular sus fines, pero que, normalmente, aconsejaban el aborto.

De vez en cuando, en el directorio mencionado, aparecía un servicio ofreciendo otra alternativa para la mujer embarazada. Pero aun así, no era desde el punto de vista cristiano, o sea, que no contaba con la sabiduría y el poder del Espíritu de Dios, quien con paciencia y ternura trata toda necesidad humana.

Pero, como dije, acababa de publicarse un directorio *nuevo* y por primera vez en más de una docena de años, desde la infame decisión de la Corte Suprema en el caso Roe versus Wade, que trajo la práctica generalizada de abortos en los Estados Unidos, aparecía un número de teléfono que ofrecía algo diferente. Se refería a un aviso con el dibujo de una mano extendida hacia otra, con las palabras: "Punto de contacto... Examen de embarazo gratis... resultado inmediato... ofrecemos referencias".

Y Tamara los llamó.

Lo que no sabía Tamara es que el número que llamaba era de una oficina acabada de abrir no hacía más que pocos días. Existía gracias a que un miembro de la iglesia había tenido la idea de lo que ésta significaría y miles de los demás miembros creyeron lo suficiente en este esfuerzo como para donar fondos con qué iniciar el programa.

El sueño de este miembro de la iglesia era el siguiente:

- Ofrecer un punto de referencia para proveer consejería a las embarazadas sin ninguna exigencia de índole espiritual; pero desalentando la posibilidad de abortar, además de ofrecer opciones.
- Confiar en el Espíritu Santo para bendecir a las aconsejadas, abriendo sus corazones para recibir la comprensión tierna que se les mostraría.
- Que por medio de este proceso las vidas fueran tocadas, se les ministrara a las mujeres y se salvaran los bebés.

Y Tamara había llamado, lo que me conduce de nuevo al culto de adoración que mencioné y que estaba en función aquella mañana especial: ese día especial en que Tamara llegó a la iglesia con su bebé.

Sucede que, a continuación de esa llamada, a Tamara se le mostró y le fue concedida una gran cantidad de tiempo, mucha paciencia y una influencia clemente y sin presiones. Inmediatamente reconoció una calidad de vida, de amor, que jamás había conocido. Como resultado de ello, Tamara decidió no abortar, poco tiempo después recibió a Jesucristo como su Salvador, y en este domingo muy especial, había traído a su hijita recién nacida para dedicarla al Señor.

Aunque no había papá ni marido junto a la bebita y Tamara, respectivamente, los ancianos de la iglesia con sus esposas se pararon junto a la joven delante de la congregación, mientras el pastor brevemente contó su historia, con el permiso previo de ella.

Al prepararse para la Santa Cena, todos los presentes sostuvieron en sus manos el pan partido, sobre el cual Jesús habló diciendo: "Esto es mi cuerpo que por vosotros es partido".[1] El pastor habló de la intención de Cristo, al ser quebrantado en su integridad, de ministrarle a la humanidad la sanidad completa; y en ese momento invitó a Tamara con su bebé a subir a la plataforma.

Los presentes, aun cuando no estaban acostumbrados a tal interrupción de la Cena del Señor, escucharon con ojos llenos de lágrimas mientras se contaba la historia de Tamara. Luego, el pastor tomó a la bebé en sus brazos y dijo: "He aquí el caso más dramático que verán, en que el quebrantamiento se convierte en integridad por medio del amor de Jesús. Esta bebé hubiera sido destrozada dentro del vientre de su madre, pero no lo fue. Gracias a que ustedes oraron, contribuyeron y amaron, Tamara encontró nuevas posibilidades y aquí, en mis brazos, hay una niña sana, intacta y que no fue deshecha".

Fue una mañana increíble, y tanto más maravillosa porque poco después de ese culto, una llamada a los padres de Tamara los encontró con una actitud distinta. Sus corazones fueron tocados porque alguien, en alguna parte, había ayudado a su hija en su crisis personal. Y ahora ellos querían hacer su parte.

Hoy día Tamara está en su hogar, en donde recibió una amorosa bienvenida de parte de sus padres, quienes están ayudándola a avanzar en la vida, junto con su hijita.

Excúseme si al relatar esta historia, me ha sobrecargado de emoción. Es que yo estaba presente.

Yo era el pastor.

La congregación era la nuestra.

Sostuve a esa bebé en mis brazos y la presenté ante Dios, el Padre, en el ritual de la dedicación. Pero la verdadera razón de mi estado emotivo no fue simplemente porque se había salvado la vida de una bebita; fue porque este evento jamás se hubiera realizado de no haber sucedido otra cosa.

Esto implicaba tres pasos muy grandes en un cambio de actitudes y, al relatárselo, corro el riesgo de ser malentendido en gran manera, pero he decidido arriesgarme. Hay demasiadas vidas en juego por pequeñeces individuales de esa naturaleza o por pura mezquindad de cualquiera de nosotros. Debido a ello, pienso que gran parte de la mezquindad que hay en muchos de nosotros, no es tanto el producto de la actitud voluntaria de un alma mísera, sino causado por el temor a amar.

Permítame describirle la condición en que me encontraba, a partir de la cual yo, y aquellos que caminaban esa senda conmigo, dimos nuestros primeros tres pasos. Al final, estas pisadas nos condujeron, a un lugar más amplio de servicio y a un ministerio superior de compartir el amor de Jesús.

Nota
1. 1 Corintios 11:24

8

Tres pasos hacia el amor

Mas Dios muestra su amor para con nosotros, en que siendo aún pecadores, Cristo murió por nosotros.

Romanos 5:8

La respuesta emocional: vencer la autojustificación

De una manera u otra, todos somos personas que caminamos en medio de un cementerio viviente.

Por dondequiera que vamos, entre todos los que nos encontramos a diario, existen los muertos en vida. Son gentes tan radicalmente impactadas por la muerte, de una manera u otra, que no sólo son candidatas para la sanidad, sino que necesitan una resurrección. La muerte les ha llegado de una, o más de cien, maneras. Hoy día no se puede encontrar a quien no haya sido tocado por la muerte:

- la muerte de sus relaciones personales,
- la muerte de sus ilusiones y ensueños,
- la muerte de una empresa comercial,
- la muerte de un ser querido.

Estas no son observaciones negativas que hace uno por ver la vida en forma nostálgica. Simplemente destaco el hecho de que la muerte se hace presente de muchísimas maneras. ¡Y a ti y a mí se nos prepara para traer una respuesta viva!

Pero para que pueda suceder esto, la mayoría necesitamos que nuestros corazones sean ablandados. Precisamente, yo fui uno que lo necesitaba y una cantidad de factores contribuyeron a que Dios efectuara esto en mi vida. Comenzó con una autojustificación oculta acerca de mis actos que ni yo mismo percibía.

Conocía la Palabra de Dios y sabía que el aborto era malo: para contrarrestarlo oraba por la gente que lo practicaba, y para que no se extendiera a través de esta nación. Y a veces me enojaba cuando veía en los noticieros de la televisión transmitir las acciones militantes de los supuestos propulsores de "la legalización del aborto". Pero, como dije anteriormente, Dios cambió mi actitud radicalmente, sin cambiar mis convicciones.

Por ejemplo, nunca había tenido que enfrentar la situación de una víctima sometida a la fuerza por incesto o violación, de una mujer embarazada con un bebé como resultado de un acto involuntario o violento. Jamás había pensado en la agonía del alma de una mujer cuyo hijo sin nacer ya se sabía que estaba deforme. Tampoco había considerado el dilema emocional de un marido cuya esposa corría peligro de muerte, hasta el punto de dar a luz un hijo a expensas de su propia vida.

Violación.

Incesto.

Deformidad identificada en el vientre.

Salud de la madre.

Estos asuntos casi ni los había tomado en cuenta. De mi parte, no estaba dispuesto a conceder que el aborto fuera una respuesta para ninguna de estas situaciones. Y debo decir, apaciblemente, que todavía no lo estoy. Pero a la vez, he tenido que llegar al punto en que no sólo puedo, sino que simplemente debo, tomar en cuenta el precio del *temor*; sí, incluyendo el egoísmo de cualquiera que pueda juzgar esto así, cuando alguien escoge el aborto en cualesquiera de tales situaciones.

Escuche.

Escuche, por favor. Hago tal salvedad, no porque creo que necesariamente pueda ser la decisión correcta, sino porque todos, como seres humanos falibles, ¡hemos tomado decisiones equivocadas! Y cada vez que veo a alguien que ha tomado una decisión equivocada, aun enfrentando el consejo alternativo que le he ofrecido, no puedo, en el Espíritu de Cristo, juzgarlos a ellos por eso.

Como ser humano falible y pecador que soy, también he sentido el temor que engendran acciones no muy dignas ni llenas de fe. Y ahora, repentinamente, fui sacudido por la Palabra de Dios en el mismo punto en que se había apoyado tan cómodamente mi autojustificación hacia el aborto. El Espíritu Santo me estaba confrontando, recordándome que yo debía amar exactamente como El ama.

> Mas Dios demuestra su amor para con nosotros, en que siendo aún pecadores, Cristo murió por nosotros.[1]

. Por supuesto, que desde mucho antes yo conocía este versículo, pero siempre lo había aplicado a la doctrina de la salvación de Dios y no lo había visto como obligación del cristiano. En otras palabras, pude ver lo necesario que era que

Dios me amara primero, para poderme alcanzar con su amor. Su amor había sido incondicional: más allá de mi ceguera a su camino, de mi desconocimiento de su voluntad, de mi indiferencia a su Espíritu y a pesar de mi pecaminosidad autocomplaciente. Su Palabra es maravillosamente clara, la verdad increíblemente liberadora: su amor no tiene ni límites ni fin y fue ofrecido plenamente *por adelantado*.

Pero jamás mi alma había absorbido el mensaje de que me estaba llamando a amar a la gente del mismo modo en que El lo hace. Mi ortodoxia evangélica me obligaba a insistir que yo tenía que vencer el pecado, por oponerme al de otros, no sólo en mí mismo. Dondequiera que lo encontraba, me veía sucumbir ante la mentalidad de "perro de presa" que criticaba mi cultura, más bien que con una actitud de pastor amoroso que busca a sus ovejas perdidas. Así fue hasta que medité acerca de la manera en que Jesús venció el pecado. La forma suya de vencer el pecado era entregarse por amor, enfrentándose a él con el perdón hasta que su amor lo hubiera vencido.

Ahora me veía obligado a confrontar esta realilidad: Dios quería que yo amara a las personas que habían abortado, estuviera de acuerdo o no con ese acto. Y quería que lo hiciera sin el apéndice verbal usual de: "Está bien, las amaré, pero siempre odiaré su pecado".

Creo que quizás con demasiada facilidad empleamos esa maniobra para satisfacer nuestra indignación y rechazo emocional, y cuando lo hacemos, con frecuencia el odio se desborda y envenena nuestros mejores esfuerzos por servir a los perdidos. ¿Se puede imaginar a Jesús en la cruz diciendo: "Padre, perdónalos porque no saben lo que hacen... y yo odio lo que hacen. No puedo decir con precisión lo *mucho* que odio esto, pero siempre los amaré, aunque te aseguro que odio su pecado?"

No me interprete mal. Ni piense que soy débil en cuanto al pecado, ni que estoy proponiendo que Dios lo tolere.

Jamás.

La razón por la cual Cristo *murió* por el pecado es que el pecado es un asunto grave y su precio de muerte tenía que ser pagado en su totalidad, de alguna manera u otra. Cuando tomamos los asuntos en nuestras propias manos la muerte prevalece, pero cuando confiamos en lo que ha logrado su grandísimo poder por medio de *Su* muerte, ¡la vida puede vencer!

Estaba empezando a darme cuenta de que mi actitud poco amorosa no era un ingrediente necesario para asegurar el pago suficiente por los pecados de la gente. Dios no necesitaba mi ira ante el pecado, ni que yo lo odiara, para poder asegurar que hubiera una compensación plena. A mí solamente se me había encomendado ser un reconciliador, ayudar a la gente a reconciliarse con El, para que alcanzaran su amor, comprensión y ternura.[2] Cuando llegué a aceptar el hecho de que mucha gente que aborta niños no es ni menos ni más pecadora que yo, me vi mucho más dispuesto a comprender los temores, la emoción y el tormento de una mujer enfrentada con un embarazo al que temía o no deseaba. No estaba más preparado para estar de acuerdo en que ella le pusiera fin, pero sí estaba más dispuesto a aceptar a la persona que hubiera tomado esa decisión.

La respuesta intelectual:
Evaluar el potencial para asumir el desastre

Ya estaba listo para tomar cartas en el asunto. Y, efectivamente, algo había que hacer.

La cuestión dolorosa del aborto no puede seguir siendo condenada interminablemente por los que se indignan, mientras sigue siendo promocionada por sus defensores. El asunto no gira únicamente en que las posibilidades de vivir se las están negando a los millones de seres afectados por el aborto, sino que tiene que ver con actitudes hacia el control de la vida; la vida como nos concierne *a todos nosotros*: los miles de millones de habitantes actuales del planeta.

El hacer un análisis cuidadoso acerca del aspecto moral del asunto, o promover, como hacen algunos, que se declare ilegal el privilegio del "aborto por demanda" no es simplemente un dogma a favor de una causa que aboga por la vida. Más bien, esto nos obliga a examinar la tendencia puesta en marcha por una sociedad que acepta el privilegio de terminar *cualquier* vida humana a voluntad y con impunidad.

¿Dónde se acaba el proceso?

Si la vida es rechazada en el vientre al inicio de su ciclo evolutivo, ¿en qué va a parar el desarrollo de una política social que puede adrede, en cualquier momento y con impunidad, detenerla en el otro extremo? Si legalmente podemos tomar la vida de un bebé en el vientre, ¿el próximo paso será tomar la vida del abuelo cuando ya esté anciano; exterminándolo como un acto voluntario simplemente porque molesta más que lo que contribuye a la comunidad? ("Después de todo, no le está yendo bien de ninguna manera".)

Y luego la eutanasia, que ellos llaman: "Muerte por misericordia".

Cuando el sufrimiento se intensifica y la agonía de la familia que observa sólo es excedida por la agonía de un ser querido en las garras de la muerte por una enfermedad violenta, y por el torturador dolor indescriptible que atormenta a un cuerpo anciano, ¿entonces qué?

¿Quién debe hacer las funciones de Dios?

Esta pregunta penetra nuestra conciencia social y los que creen que el aborto es meramente un asunto aislado deben investigar las amplias consecuencias de su aceptación.

Además, esto ni siquiera comienza a explorar las implicaciones de la ingeniería genética y de las otras alternativas para la concepción y el parto. ¿Quién puede prever el impacto que tendrán, a largo plazo, la investigación y las actividades actuales en: la manipulación genética, el ADN o ácido ribonucleico combinando los genes de unas especies con los genes de otras muy diferentes, el embarazo extrauterino, la maternidad sustituta, los bancos de espermatozoides y la experimentación con la reproducción asexual?

No estoy preparado para vaticinar el nacimiento de una tropa de monstruos tipo Frankenstein, pero tampoco puedo retirarme a una posición al estilo pasivo de la avestruz, pretendiendo que las tendencias actuales son meramente modas pasajeras. El hombre no es sólo un intruso en el *control de la vida*, sino también en la reproducción de la misma y no hay ninguna indicación bíblica de que Dios le haya dado la encomienda de "subyugar" la tierra y de "henchirla" de la manera en que, actualmente, lo está haciendo.

Desde luego, no rechazo la investigación científica que tan frecuentemente ha bendecido a la humanidad con resultados beneficiosos. Pero no creo que podamos negar que hay algunas implicaciones muy negativas en ciertos sucesos. La ética social es un asunto espiritual y ahora se ve impactada dramáticamente por la investigación biológica aplicada en esta época.

La respuesta espiritual: participar

Recientemente hice un llamado a nuestra congregación para hacer algo que indicara nuestro interés en la vida del niño nonato. No proponemos una marcha hacia el palacio municipal; tampoco ofrecemos pancartas ni proyectamos ocupar pasivamente una clínica. Pero eso sí, di a conocer mi asco ante las acciones espantosas de la gente que pone bombas en clínicas en una manifestación desequilibrada de protesta. Pero, además, dije: "No podemos hacer *nada*".

Seguido a ese domingo recibí la carta de un hombre que creo expresa lo que algunos cristianos suponen ser una respuesta espiritual: "No creo que la Iglesia se deba comprometer en asuntos políticos", escribió.

Casi no podía creer lo que leía: ¿un asunto político?

Hablábamos de la VIDA.

Hablábamos de la moralidad.

Hablábamos de amar a la gente que teme aceptar la vida concebida dentro de ellas, y de tratar de servirlas, amorosamente, en medio de sus temores.

La carta de este hombre refleja, no importa lo bien intencionada ni cuán supuestamente espiritual haya sido su motivación al escribirla, que en todos nosotros existe la tentación de evadir la responsabilidad que tenemos de actuar. Sé que preferiría dejar todo a un lado; el tema me molesta. Pero tenía que hacerle caso a Proverbios 31:8,9.

Abre tu boca por el mudo en el juicio de todos los desvalidos. Abre tu boca, juzga con justicia, y defiende la causa del pobre y del menesteroso.

Había (1) afrontado la realidad de mi autojustificación, (2) ampliado mi perspectiva acerca de lo que le sucedía a algunas personas que enfrentaban situaciones muy difíciles, y (3) había lanzado una mirada penetrante y dura hacia los asuntos sociales y morales que hoy día nos desafían. Pero en el tercer paso (el de participar), ¿qué podía hacer?

Bueno, no soy una persona aficionada a la política ni del tipo de los que protestan. Es más, me es difícil aceptar la idea de que "La Iglesia" milite de cualquier otra manera que no sea de rodillas. Estoy seguro de que mis sentimientos no son lo suficientemente estrictos para satisfacer a muchos buenos cristianos, mientras que otros, sin duda alguna, evaluarían mi posición como "demasiado estricta".

Pero sí llegué a un punto crítico en que, de cierto modo, hallé un equilibrio entre el juicio y la misericordia.

Este implica:

- Ministrar *personalmente* en el espíritu y en la verdad que he presentado en este libro; y,
- Ministrar públicamente, proporcionándole a la gente de nuestra sociedad una opción viva, al ofrecer el tipo de recurso que dio resultado en el rescate del bebé de Tamara.

El apéndice que encontrará a continuación lo puede utilizar al igual que cualquier líder de la iglesia con quien desee tener contacto. Para mí, este proyecto cumplió con el tercer paso de *amar*. Y espero que le ayude a hacer lo mismo.

Actualmente, ha habido un cambio completo en el pensamiento y el comportamiento de mucha gente. Estoy seguro de que así es porque en mi caso experimenté un tremendo surgir de la gracia de Dios que me ayudó a "cambiar de idea", a volver a pensar en los problemas que atormentan y hacen sufrir a la gente como usted y como yo.

Espero que tanto esta crónica de mi peregrinaje, como mi autodescubrimiento y los consiguientes descubrimientos de la verdad en la Palabra de Dios, hayan promovido un cambio total en su enfoque respecto a la vida. Que conozca la sanidad de Cristo y su plenitud, y que se convierta en un transmisor de Su vida.

Con el corazón lleno de Su amor y perdón, que cada uno esté presto para obedecer y sea constante en hacer lo que el ángel encomendó hace mucho tiempo: *"Id, y puestos en pie en el templo, anunciad al pueblo todas las palabras de esta vida"*.[3]

Notas
1. Romanos 5:8
2. 2 Corintios 5:18-21
3. Hechos 5:20

Apéndice

Le he pedido a un amigo, Geoff Thompson, que desarrolló e inició un centro de embarazo en crisis como ministerio de la iglesia, que escriba unas cuantas palabras de guía práctica acerca de este tema. Esta guía es para cualquier grupo de creyentes que busca una respuesta eficaz, confrontadora, amorosa y de servicio para la crisis social del "aborto por demanda".

Sin embargo, la oración intercesora es la llave maestra de cualquier transformación en individuos o sociedades. Geoff ha dado esta información con el entendimiento de que sólo la oración, la oración y más oración debe anteceder y acompañar a cualquier esfuerzo. Todo lo que hagamos para alcanzar, tocar y cambiar nuestro mundo "No por el poder ni por la fuerza, sino por mi Espíritu", dice el Señor de los ejércitos.[1]

Franky Schaeffer ha dicho que todo cristiano debiera organizar un piquete de protesta frente a una clínica de abortos. Comprendo su declaración y sus sentimientos. En 1941 el pueblo alemán permitió que millones de judíos fueran llevados a los hornos porque desde fines de los años 1930 ya habían permitido que a los judíos se les llamara *Untermenschen,* o sea, "menos que gente". Para nosotros sería inconcebible repetir la historia y no hacer nada contra la masacre total de inocentes.

Pero el piquete de protesta no es el único recurso. Muchas veces se logra cambiar la actitud de la mujer por medio de la consejería de acera, que consiste en acercarse a ella antes que entre a una clínica de aborto para informarle amorosamente de otras opciones. Se puede también formar un "banco de conferencistas" para llevar el mensaje de vida y esperanza a cientos de estudiantes de escuelas de secundaria y de universidades.

Una de las mejores formas de ayudar a las madres, los padres y los bebés por nacer es por medio de un centro del embarazo en crisis.

Cada aborto cobra una serie de víctimas. Con frecuencia, la mujer se siente confundida, presionada y engañada, al enfrentarse a las consecuencias físicas y psicológicas de su estado. Dios pregunta en Isaías 49:15: "¿Se olvidará la mujer de lo que dio a luz, para dejar de compadecerse del hijo de su vientre?" Una mujer no puede abortar a su hijo que no ha nacido sin sufrir las consecuencias. Un centro de embarazo en crisis puede centrarse en la mujer y en sus necesidades, ofrecerle aceptación, compasión e información precisa acerca del aborto y las alternativas en relación al mismo.

El centro también puede ministrarle al padre, quien quizás esté experimentando las mismas emociones que la madre, y extender el amor de Cristo a él al ofrecerle perdón, así como también opciones prácticas y consejo sabio que permitirán que su futuro sea de esperanza y no de odio.

Por medio de estas expresiones de amor y guía, se le da al bebé que no ha nacido, una oportunidad de vivir. Dios llama a su pueblo a librar a los que son llevados a la muerte, a salvar a los que están en peligro de morir.[2] Al darles cuidado y cariño a los padres, que sí pueden comunicarse, quizás podamos salvar la vida de un niño que no puede hacerlo.

¿Cómo iniciar un centro de embarazos en crisis?

1. *Organice un comité de dirección.* Desde el principio de su establecimiento, se debe desarrollar un centro de embarazos en crisis bajo el liderazgo de varias personas que representen una amplia gama de cristianos que creen en la Biblia. En Proverbios 15:22 dice: "Los pensamientos son frustrados donde no hay consejo; más en la multitud de consejeros se afirman".

2. *Comuníquese con el Christian Action Council (Concilio de acción cristiana).* Desde 1975, cuando éste se inició en la casa de Billy Graham, el concilio de acción cristiana ha llegado a ser la organización cristiana más grande de su género con el compromiso de ayudar a los ministerios a empezar centros de embarazos en crisis. Tiene grupos locales o constituyentes en todos los cincuenta estados de los Estados Unidos de América y en la mayoría de las provincias del Canadá. El concilio de acción cristiana está dispuesto a ayudar en el desarrollo de un centro de embarazos en crisis viable y en la capacitación de sus organizadores. (Dirección: 101 W. Broad Street, Suite 500, Falls Church, VA 22046; Tel. 703-237-2100).

3. *Complete una encuesta de la comunidad.* Haga una encuesta de su comunidad, utilizando los recursos del CAC y la mano de obra del comité de dirección. Esta información le ayudará a identificar la necesidad de un centro de embarazos en crisis y a señalar los servicios públicos y privados existentes.

4. *Incorpore y elija una junta directiva.* Bajo el título de "sin fines de lucro", se pueden recoger fondos para el ministerio. Por consiguiente, el límite de responsabilidad fiscal y la individualidad del ministerio se deben mantener separados de cualquier iglesia.

5. *Establezca comités de trabajo dentro de la junta directiva.* Una vez establecida la junta directiva, distribuya el trabajo entre distintos comités: Relaciones Públicas, Finanzas y Búsqueda de Fondos, Capacitación, Pastoreo de Hogares, Voluntarios.

6. *Contrate directora (o director).* El centro de embarazos en crisis debe *competir* con una calidad profesional y actitud de excelencia igual o superior a la de otras clínicas de abortos. Se necesita un director por esta única razón; no solamente para vigilar la operación, sino para supervisar a los voluntarios. Ya que éste tiene un alcance espiritual tanto como profesional, el centro necesita la protección y el liderazgo que puede ofrecer un siervo cristiano.

7. *Capacite voluntarios.* El CAC ofrece horas de capacitación intensiva y materiales para ayudar a establecer su centro.

Obviamente, estos pasos no son ni exclusivos ni lo abarcan todo. Sin embargo, sí destacan el hecho de que si Dios le hace un llamado para expandir la luz de la esperanza y el conocimiento de la vida de Cristo en su comunidad, podría estar a pocos meses de abrir un centro de embarazos en crisis en la misma.

Notas
1. Zacarías 4:6
2. Vea Proverbios 24:11,12